TourBooks

Die schönsten Motorrad-Touren

# Deutschlands Mitte

## Harz, Thüringen und Rhön

14 ausgewählte Traumrouten

# INHALTSVERZEICHNIS

# INHALTSVERZEICHNIS

## Ab durch die Mitte

Irgendwo zwischen Hessen und Thüringen liegt sie, die Mitte Deutschlands. Gleich mehrere Ortschaften beanspruchen den Ehrentitel für sich, und je nach Berechnungsmethode haben sie alle recht. Für Vollblut-Biker jedoch liegt die Mitte immer im Scheitelpunkt der Kurve. Und Kurven findet man im Zentrum Deutschlands reichlich. Hier tun sich unerwartet und für viele unbekannte, paradiesische Motorradreviere auf. Schon die klangvollen Namen der Mittelgebirge wie Harz, Thüringer Wald und Rhön lösen wohlige Vorfreude aus.

## Urwald, Zauber, Gipfelglück

Dem Mittelpunkt am nächsten liegt der Hainich, ein von einem dichten Teppich aus Buchen überzogener Höhenzug, dessen südlicher Teil zum Nationalpark erklärt wurde. Route 8 umkreist dieses fantastische, urwaldartige Gebiet in der Mitte Deutschlands. Etwas nördlich davon erheben sich die legendenträchtigen Kuppen des Kyffhäuser. Das kleine, aber feine Gebirge garantiert Fahrspaß und bietet zudem eine waschechte, verschlungene Bergrennstrecke (Route 6).

## Kurvenspaß und Köstlichkeiten

Geniale Kurven finden sich freilich auch auf den beiden Top-Touren durch den Harz (Route 4 und 5), die sich einmal dem westlichen und dann dem östlichen Teil des nördlichsten deutschen Mittelgebirges widmen. Hier erwartet uns ein wahrer Hexenritt vorbei an charmanten Städten, bizzaren Felsen und alten, heidnischen Kultstätten. Immer wieder laden Bikertreffs und Motorradhotels am Wegesrand zum Verweilen ein.

Weiter westlich reichen sich dann Genuss und Fahrfreude die Hand, gilt es doch, im Eichsfeld (Route 3) nicht nur die herrlichen Kurven zwischen Kirchen und Kirschbäumen auszukosten, sondern zudem die schmackhafte, für die Region typische Mettwurst zu probieren. Auch das Weser- und das Leinebergland (Route 1 und 2) üben auf Liebhaber variantenreicher und vor allem verkehrsarmer Kurvenstrecken ebenso wie auf Genießer eine besondere Anziehungskraft aus. Nicht umsonst liegt Deutschlands älteste und beliebteste Motorradherberge, die Villa Löwenherz, in Lauenförde an der Weser.

## Mitten durchs grüne Herz

Thüringen wird zu Recht das grüne Herz Deutschlands genannt. Neben urwüchsiger, mitreißend schöner Natur und abwechslunsgreichen, schwungvollen Strecken gibt es hier vor allem auch zahlreiche kulturelle Sehenswürdigkei-

ten zu entdecken. In höchster Dosis erleben kann man sie auf unserer Klassiker-Tour (Route 9). Von Eisenach folgen wir der Klassikerstraße nach Erfurt und Weimar und mit ihr den Spuren von Luther, Bach, Goethe und Schiller. Schräglagenfans können sich natürlich auch gleich Route 10 zur Brust nehmen, denn nicht zuletzt hält Thüringen – insbesondere der Thüringer Wald und die kleinen

Sträßchen rechts und links des berühmten Rennsteigs – jede Menge Kurven bereit. Übrigens hat Thüringen auch als Motorradland seine eigene Tradition. Aus Eisenach kamen die EMW-Einzylinder, die Vorgänger der bis in die 1960er-Jahre beliebten AWO-Maschinen aus Suhl. Im südlichen Thüringer Wald wurde von Simson auch der Kultroller »Schwalbe« gefertigt – neben einer ganzen Reihe anderer Leichtkrafträder.

## Auf die Stille folgt der Strum

Etwas geruhsamer, fast schon meditativ, gestalten sich die Touren entlang der Flussläufe von Saale (Route 11) und Unstrut (Route 7). Alte Ritterburgen und lauschige Weingärten verleiten dazu, einen Gang zurückzuschalten, die herrliche Landschaft ausgiebig auf sich wirken zu lassen und hier und da einen Boxenstopp einzulegen. Wen es dann wieder in der Gashand juckt, dem sei der Abstecher zum Schleizer Dreieck

(Route 12) empfohlen. Auf der ältesten Naturrennstrecke Deutschlands werden heute wieder viele, spannende Rennen ausgetragen. Auch die Erkundung der Ostthüringer Landschaft rund um Schleiz bis zur Skatstadt Altenburg ist ein ausgesprochen reizvolles Erlebnis.

## Darf's noch etwas Meer sein?

Gegen Ende des Buches führt uns schließlich Route 13 durch die sanften Kuppen der Rhön bis nach Bayern und ins schöne, unglaublich vielseitige Franken hinein. Die wetterwendische Rhön zählt zweifellos zu einem der interessantesten Motorradreviere in Deutschland überhaupt. Mit ihren unendlichen Wäldern, den steilen Basaltkuppen, einsamen Hochflächen und dunklen Hochmooren, klaren Flüssen und freundlichen Dörfern hat die UNESCO den Kernbereich dieses Mittelgebirges im Grenzgebiet der deutschen Bundesländer Bayern, Hessen und Thüringen sogar in den Rang eines Biosphärenreservats erhoben.

Ganz am Schluss wartet dann noch ein ganz besonderer fahrerischer wie landschaftlicher Leckerbissen: Auf Tour 14 geht es nach Nordhessen, wo wir die einzigartige Landschaft des Waldecker Landes rund um den Edersee unter die Räder nehmen. Der Ederstausee ist schon seit langer Zeit ein beliebtes Urlaubsgebiet, der Kellerwald an seinem südlichen Ufer jedoch Deutschlands jüngster Nationalpark. Auf mediterran anmutenden Uferstraßen und Bergsträßchen tauchen Tourer beschwingt ein in ein märchenhaftes Naturparadies.

1

# Aus der Mitte entspringt ein Fluss

## Entlang der Weser und durchs Weserbergland

# ROUTE 1 Weserbergland – Aus der Mitte entspringt ein Fluss

Ⓐ **Ausgangsort**
Hann. Münden (D-34346)

Ⓔ **Zielort**
Hann. Münden (D-34346)

296 km ★★★ ★★★★

**Straßentypen** (in Prozent der Strecker länge)

55 | 45

■ Landstraße/asphaltierte Nebenstraße
■ Bundesstraße/Schnellstraße

Diese Tour können Sie mit Route 3 unc 14 kombinieren.

**Weserbergland Tourismus**
Deisterallee 1
D-31785 Hameln
Tel. 051 51/930 00
info@weserbergland-tourismus.de
www.weserbergland-tourismus.de

(→ *weitere Adressen siehe Seite 185*)

Zwischen Hann. Münden und der legendären Rattenfängerstadt Hameln erheben sich rechts und links der Weser die sanften Höhenzüge des Weserberglands. Für Kurvenräuber bieten sie jede Menge Schräglagen und fahrerische Kicks. Genussbiker werden die schöne Flusslandschaft und die vielen, meist autofreien Pisten schätzen. Kulturelles Highlight der Tour ist ein Abstecher nach Hameln mit seinen herrlichen Weserrenaissance-Bauten.

Route 1
DEUTSCHLAND
Hamm
Goslar
Magdeburg
Leipzig
Erfurt
Frankfurt
Mainz
Bamberg
TSCHECH. REP.
Warburg
A44
E331
Nieheim
Steinheim
B252
B66
Extertalbahn
L435
17
18
19
L758
Barntrup
Hohe Asch
371
Extertal
Exten-Rinteln
L433
Graben
B239
L614
L946
L947
Rumbeck
16
Heßlingen
Hessisch Oldendorf
15
Fuhlen
14
Papp-Mühle
Nordrhein-Westfalen
Lügde
20
Bad Pyrmont
B1
Löwendorf
25
24
21
Rischenau
Köterberg
Niese
496
Falkenhagen
22
23
B64
B241
B7
Diemel
Nethe
27
Godelheim
Höxter
Beverungen
B83
A
26
Fürstenberg
Lauenförde
Albaxen
5
Allersheim
Kloster Corvey
Polle
B83
248
Scharfenberg
Top Tipp
Hameln
Weser
L423
Plötzen
B217
13
Hasperde
Hofgeismar
Trendelburg
Grebenstein
Hessen
28
Bad Karlshafen
Holzminden
NP
Rühler Schweiz
Boden-werder
Bisperode
12
Reinhardswald
Sababurg
Staufenberg
472
Solling
B80
Amelith
3
B497
Neuhaus
L551
Solling-Vogler
L580
Rühle
Golmbach
7
Linse
Haus Harderode
L588
11
L425
Bessingen
Lauenstein
Gieselwerder
Wahlsburg
2
Bodenfelde
4
Schönhagen
Große Blöße
528
Negenborn
6
Halle
Hann. Münden
E
A
1
L561
Weser
Uslar
Vogler
Scharfoldendorf
B240
Wallensen
L462
Salzhemmendorf
10
Hemmendorf
Belzer Berg
392
Eschershausen
8
9
L463
Fölziehausen
Saale
B3
B241
Niedersachsen
B64
Hils
B240
Leine
N
Route
5 km

## Tour-Stationen auf einen Blick

**Tourlänge:** 296 km

| Nr. | Ort | PLZ | GPS-Koordinaten |
|---|---|---|---|
| A | Hann. Münden | D-34346 | N 51 25.601 E 09 38.687 |
| 02 | Wahlsburg | D-37194 | N 51 37.746 E 09 33.852 |
| 04 | Schönhagen | D-37170 | N 51 41.462 E 09 33.372 |
| 05 | Holzminden | D-37603 | N 51 50.395 E 09 28.722 |
| 06 | Negenborn | D-37643 | N 51 53.488 E 09 34.300 |
| 07 | Bodenwerder/Linse | D-37619 | N 51 58.995 E 09 31.909 |
| 08 | Eschershausen | D-37632 | N 51 56.420 E 09 37.993 |
| 10 | Hemmendorf | D-31020 | N 52 04.913 E 09 35.834 |
| 11 | Haus Harderode | D-31863 | N 52 03.706 E 09 31.464 |
| 13 | Hasperde | D-31848 | N 52 08.801 E 09 26.953 |
| 14 | Hessisch Oldendorf | D-31840 | N 52 10.088 E 09 15.144 |
| 16 | Heßlingen | D-31840 | N 52 08.892 E 09 13.522 |
| 17 | Exten | D-31737 | N 52 10.110 E 09 05.121 |
| 19 | Barntrup | D-32683 | N 51 58.804 E 09 08.199 |
| 20 | Lügde | D-32676 | N 51 57.160 E 09 14.589 |
| 22 | Falkenhagen | D-32676 | N 51 53.290 E 09 18.265 |
| 23 | Köterberg | D-32676 | N 51 51.589 E 09 19.185 |
| 26 | Höxter | D-37671 | N 51 46.736 E 09 22.711 |
| 28 | Bad Karlshafen | D-34385 | N 51 38.443 E 09 26.947 |
| E | Hann. Münden | D-34346 | N 51 25.601 E 09 38.687 |

Die Tabelle enthält die wichtigsten Stationen der Route – ggf. wurden Orte weggelassen oder zur exakteren Navigation ergänzt; Referenzsystem der GPS-Koordinaten: WGS84

1
*29 km*
L561

## Hann. Münden auf der Gimter Straße (L561) Richtung Norden verlassen, 29 km bis Wahlsburg.

***Strecke:*** *Landstraße entlang des östlichen Weserufers.*

**Info:** Hannoversch Münden, wie Hann. Münden mit vollem Namen heißt, zählte nach Ansicht des berühmten Gelehrten Alexander von Humboldt zu den sieben am schönsten gelegenen Städten dieser Welt. Prächtige Fachwerkhäuser prägen das Bild der Innenstadt. Hier, zwischen den Höhenzügen Reinhardswald, Kaufunger Wald und Bramwald, vereinen sich Werra und Fulda zur Weser. Einen herrlichen Blick auf Hann. Münden hat man von der alten Weserbrücke.

In Hann. Münden vereinen sich Werra und Fulda zur Weser, die von hier Richtung Nordsee fließt.

2
*9 km*
–
L551

## In Wahlsburg links, dann zweimal rechts und über die Brauhaus- und Neuendorfstraße bis zur Uslarer Straße (L551). Hier links und 9 km bis Amelith.

***Strecke:*** *Reizvolle Strecke in den Solling hinein.*

**Info:** Im bis zu 528 m hohen Bergzug des Sollings drängen sich die scheinbar unendlichen Wälder bis dicht an die Teerpiste heran. Bei dieser landschaftlichen Szenerie möchte man fast glauben, sich kurzfristig ins südliche Skandinavien verirrt zu haben.

Das im Stil der Weserrenaissance errichtete Rathaus am Marktplatz ist ein Juwel der Stadt.

3
*3 km*
B241

Bei Amelith an der Kreuzung mit der B241 scharf rechts abbiegen und 3 km auf der Bundesstraße bis nach Schönhagen fahren.

***Strecke:*** *Kurvenreiche Bundesstraße.*

4
*20 km*
B497

In Schönhagen scharf links auf die B497, der Bundesstraße 20 km über Neuhaus bis Holzminden und weiter zum Ortsteil Allersheim folgen.

***Strecke:*** *Schöne Bundesstraße über den Solling.*

**Info:** Holzminden sollte man sich etwas genauer ansehen. Das Städtchen wartet mit vielen stattlichen Fachwerkhäusern aus dem 17. Jahrhundert auf. Bekannt ist Holzminden aber vor allem für die hier angesiedelte Produktion künstlicher Geruchs- und Geschmacksstoffe. Besucher können auf einem Duft-Rundgang durch die Innenstadt ihre Nasen auf die Probe stellen: Aus H-förmigen Edelstahlgebilden strömen die verschiedensten Gerüche, ihre Zusammensetzung und Note kann man auf Informationstafeln nachlesen (www.holzminden.de).

5
*9 km*
B64

## In Holzminden-Allersheim rechts auf die B64 fahren, dann 9 km bis Negenborn.

**Strecke:** *Kurzes Verbindungsstück auf der viel befahrenen B64.*

6
*16 km*
L580

## In Negenborn links abbiegen in Richtung Golmbach/Rühle und 16 km auf der L580 bis Bodenwerder fahren – durch die Stadt.

**Strecke:** *Herrlich verschnörkelte Piste durch die Rühler Schweiz, die zum Höhenzug Vogler gehört – hier kommt Fahrspaß auf!*

**Info:** Am Nordende des wunderschönen Minigebirges Vogler liegt Bodenwerder, eine sehenswerte Stadt mit unglaublichen Geschichten. Hier war Karl Friedrich Hieronymus Freiherr von Münchhausen zu Hause, von dessen dreisten Lügenpossen sicher jeder schon etwas gehört hat. Das Münchhausen-Museum in Bodenwerder zeigt Münchhausen-Literatur und Gegenstände aus der Zeit des Lügenbarons.
Münchhausen-Museum, Münchhausenplatz 1, 37619 Bodenwerder, Tel. 055 33/405 41, www.muenchhausenland.de, Apr.–Okt. Mo–So 10–17 Uhr.

Münchhausendenkmal in Bodenwerder, der Heimatstadt des Lügenbarons.

**7**
*10 km*
B240

Hinter Bodenwerder bei Linse rechts auf die B240 abbiegen, der Bundesstraße 10 km über Halle in Richtung Eschershausen/Scharfoldendorf folgen.

***Strecke:*** *Flotter Streckenabschnitt.*

**8**
*8 km*
B240

Vor Eschershausen links abbiegen in Richtung Gronau/Hannover. Weiterhin auf der B240 bleiben und 8 km bis zur Abzweigung Fölziehausen fahren.

***Strecke:*** *Tolle Kurvenstrecke über den südlichen Ith.*

**9**
*12 km*
L463
L462

Jetzt links, durch Fölziehausen hindurch, dann 12 km auf der L463/L462 über Wallensen und Salzhemmendorf Richtung Hemmendorf.

***Strecke:*** *Lindwurmgleiches Geschlängel am Ostrand des Ith entlang. Die Straße verläuft nahe der Saale, ein kleiner Nebenfluss der Leine.*

10
*7 km*
L425

## Vor Hemmendorf scharf links in Richtung Lauenstein/Hameln abbiegen und 7 km auf der L425 bis Haus Harderode fahren.

***Strecke:*** *Es geht über den Ith auf herrlicher Kurvenstrecke.*

**Info:** Der Ith, ein bis 439 m hoher Mittelgebirgszug, erstreckt sich in nordsüdlicher Richtung zwischen den Flüssen Weser und Leine und ist mit etwa 22 km Ausdehnung der längste Klippenzug Norddeutschlands. Vom Parkplatz auf der Höhe des Ithpasses führt ein aussichtsreicher Weg zum Ithturm. Nach einstündiger Wanderung überblickt man von der 1921 errichteten Warte den ganzen Höhenzug.

11
*7 km*
L588

## An der Kreuzung Haus Harderode rechts. 7 km auf der L588 über Bisperode und Bessingen bis zur B1.

***Strecke:*** *Jetzt entspanntes Fahren am Osthang des Ith entlang.*

12
*7 km*
K8
L423

## Geradeaus unter der B1 hindurch und 1 km auf der K8 bis zur Einmündung auf die L423. Hier links und der Straße 6 km bis zur B217 bei Hasperde folgen.

Die Weserrenaissance prägt das Stadtbild von Hameln. Einen Abstecher sollte man einplanen.

**13**
*15 km*
B217
L423

**Jetzt links auf die B217 auffahren, dann gleich wieder rechts abbiegen und 15 km auf der L423 über Pötzen bis Hessisch Oldendorf fahren.**

***Strecke:*** *Landstraße am Südhang des Süntel entlang.*

**Info:** Auf dem Gebirgszug Süntel wuchsen früher in großer Zahl die bizarren Süntelbuchen. Im 18. und 19. Jahrhundert fiel fast der gesamte Bestand Rodungen zum Opfer. Mit etwas Glück kann man heute noch einzelne Exemplare der schönen, knorrigen Bäume sehen.

**Restaurant- und Hotel-Tipp:** Die Papp-Mühle liegt ruhig zu Füßen des Aussichtsfelsens Hohenstein im Süntel, der in germanischer Zeit eine bedeutende Kultstätte war. Biker lassen sich im Biergarten oder in der gemütlichen Holzrückerstube mit Wildbret oder Forelle aus der Region verwöhnen. Die Motorräder können im Hof abgestellt werden.
Hotel Papp-Mühle, 31840 Hessisch Oldendorf, OT Zersen, Tel. 051 52/94 66 66, www.pappmuehle.de €€

**14**
*2 km*
L434

**In Hessisch Oldendorf im Kreisverkehr die 3. Ausfahrt nehmen (L434) und 2 km bis Fuhlen.**

***Strecke:*** *Die Straße führt über die Weser hinweg.*

## A Hameln

TOP TIPP **Info:** In Hameln erinnert alles an die weltberühmte Geschichte vom Rattenfänger. Auf der »Rattenspur«, einem zweistündigen Rundgang, gelangt man zu den wichtigsten Sehenswürdigkeiten. Eindrucksvolle, mit Masken, Fratzen und Neidköpfen verzierte Bürgerhäuser im Stil der Weserrenaissance säumen die Osterstraße, das schönste davon: das 1603 errichtete Rattenfängerhaus.

**Restaurant-Tipp:** Im Rattenfängerhaus serviert man Filetstreifen originell als »flambierte Rattenschwänze«.
Rattenfängerhaus, Osterstraße 28, 31785 Hameln, Tel. 051 51/38 88, www.rattenfaengerhaus.de

**Event-Tipp:** »Rats«, die Rattenfängersage als spaßiges Musical vorm Hochzeitshaus (www.musical-rats.de).

**15** — 2 km — L434

Am Kreisel vor Fuhlen 1. Ausfahrt rechts, durch den Ort hindurch und 2 km auf der L434 bis Heßlingen.

**16** — 11 km — L433

In Heßlingen rechts abbiegen und 11 km auf der L433 über Rumbeck bis hinter Exten fahren.

***Strecke:*** *Cruisen auf geradliniger Landstraße, die immer wieder reizvolle Ausblicke auf die Flussschleifen der Weser bietet.*

**17** — 22 km — L435 L758

Hinter Exten links auf die L435 und 22 km – später auf der L758 – über Extertal bis Barntrup fahren.

***Strecke:*** *Schöne Fahrt durch das hübsche Extertal.*

**Event-Tipp:** Für Eisenbahnfreunde ist die unter Denkmalschutz stehende Extertalbahn zwischen Barntrup und Rinteln unterwegs, leider nur an wenigen Tagen im Jahr (www.landeseisenbahn-lippe.de).

**18** — 2 km — B66 B1

In Barntrup links auf die B66, nach 1 km rechts auf die B1 abbiegen und 1 km bis zur Abzweigung in Richtung Graben/Lügde fahren.

**19**
*10 km*
L947
L946

**Hier links auf die L947, nach 2,5 km vor Graben rechts auf die L946 abbiegen, 7,5 km bis Lügde.**

***Strecke:*** *Kurvenjäger kommen hier wieder auf ihre Kosten.*

**20**
*10 km*
L614

**In Lügde an der Eisenbahnbrücke rechts auf die L614 Richtung Höxter, 10 km bis nach Rischenau.**

***Strecke:*** *Landschaftlich besonders reizvolle Strecke.*

**Event-Tipp:** Zu Ostern lebt in Lügde ein uralter Brauch auf, mit dem der Winter verabschiedet und Segen für das neue Fruchtjahr erbeten wird. Sechs Eichenholzräder mit 1,7 m Durchmesser und einem Gewicht von 270 kg, vollgestopft mit Stroh, werden brennend vom Osterberg hinuntergerollt. Die Räder werden jedes Jahr neu gefertigt und mit einer Inschrift als Widmung versehen (www.osterraederlauf.de).

**21**
*2 km*
B239
L946

**In Rischenau links auf die B239, dann gleich wieder links auf die L946 in Richtung Polle abbiegen. Der Straße 2 km bis Falkenhagen folgen.**

Sonnenuntergang über dem Weserbergland.

22
4 km
–

**In Falkenhagen rechts und 4 km auf kleiner Straße bis Köterberg fahren.**

**Info:** Vom Ort Köterberg führt eine Stichstraße zum gleichnamigen Berg. Der 496 m hohe Köterberg (auch »Monte Wau Wau« genannt) ist ein regional bekannter Motorradtreff. Bei klarer Sicht reicht der Blick bis zum rund 100 km entfernten Harz. An Sonn- und Feiertagen finden sich auf dem großen Parkplatz bis zu 1 500 Motorradfahrer ein.

**Restaurant- und Hotel-Tipp:** Das achteckige Köterberghaus wurde im Jahre 1929 als Wanderherberge aus Holz errichtet und bietet preisgünstige Übernachtungsmöglichkeiten an. Deftige Hausmannskost und Wildgerichte dominieren die Speisekarte.

Berghotel Köterberg, Köterberg 17, 32676 Lügde-Köterberg, Tel. 052 83/659, www.koeterberg.de €

23
3 km
–

**Im Ort rechts abbiegen und 3 km über Niese bis zur B239 fahren.**

24
3 km
B239

**Jetzt links auf die B239 und der Bundesstraße 3 km Richtung Höxter bis hinter Löwendorf folgen.**

25
*11 km*
–
B239

**Hinter Löwendorf rechts fahren, dann über die Auffahrt links auf die B239 abbiegen und der Bundesstraße 11 km bis Höxter folgen.**

***Strecke:*** *Nach dem kurzen Verbindungsstück wieder freie Fahrt auf gut ausgebauter Bundesstraße.*

**Info:** Höxter ist ein hübsches, lebensfrohes und quirliges Städtchen, geprägt durch typische Fachwerkhäuser im Stil der Weserrenaissance. Zwei Kilometer nordöstlich des Ortes befindet sich das ehemalige Benediktinerkloster Corvey, das zu karolingischer Zeit weltliches und religiöses Zentrum der ganzen Gegend war. Heutzutage erlebt man das Kloster mehr als Schloss, mit fürstlicher Bibliothek, einem geschichtsträchtigen Museum, wechselnden Kunstausstellungen und klassischen Konzerten. Von 1860 bis 1874 verbrachte hier übrigens Hoffmann von Fallersleben, der Verfasser des Deutschlandlieds von 1841, seine letzten Jahre als Bibliothekar.

Museum Höxter-Corvey, Schloss Corvey, 37671 Höxter, Tel. 052 71/69 40 10, www.schloss-corvey.de, Mai–Sept. Mo–So 10–18 Uhr, Apr.+Okt. Di–So 10–18 Uhr.

**Event-Tipp:** Kulinarische Spezialitäten aus der Region, Musik und buntes Markttreiben kann man alljährlich beim Höxteraner Frühling Ende April erleben (www.hoexter.de).

Vom Köterberg aus blickt man weit ins Land.

Halb Schloss, halb Kloster: Corvey bei Höxter.

26
*5 km*
B64
B83

**In Höxter rechts auf die B64/B83 abbiegen und auf der Bundesstraße 5 km in Richtung Paderborn.**

**Restaurant- und Hotel-Tipp:** Die Tonenburg in Albaxen etwas nördlich von Höxter ist eine echte »Bikerburg« für die Ritter der Landstraße. Auch Camping ist möglich. Das Restaurant mit Terrasse bietet vom Rumpsteak bis zu vegetarischen Gerichten für jeden Geschmack etwas.
Tonenburg, 37671 Höxter-Albaxen, Tel. 052 71/92 11 82, www.tonenburg.de €€

27
*17 km*
B83

**Bei Godelheim links auf die B83 abbiegen, dann 17 km über Beverungen bis Bad Karlshafen fahren.**

***Strecke:*** *Bundesstraße durch das Wesertal.*

**Restaurant- und Hotel-Tipp:** Die bekannte Bikerherberge Villa Löwenherz in Lauenförde (von Beverungen aus einfach die Weser überqueren) ist an allen Wochenenden von April bis Oktober von Motorradfahrern bestens besucht. Seit über 30 Jahren ist das charmante Gasthaus ausschließlich für Biker reserviert. Es gibt Einzel- und Mehrbettzimmer. Jeden Abend Buffet mit wechselnden Gerichten.
Villa Löwenherz, Würgasser Straße 5, 37697 Lauenförde, Tel. 052 73/75 67, www.villa-loewenherz.de €

## A Schloss Fürstenberg

***Strecke:*** *Von Höxter Innenstadt über die Weserbrücke und 6 km auf der L755/L550 bis Fürstenberg fahren.*

**Info:** Die Porzellanmanufaktur Fürstenberg wurde vor mehr als 250 Jahren von Herzog Carl I. von Braunschweig gegründet. Noch heute spielt überlieferte Handwerkskunst in Kombination mit modernster Verarbeitungstechnologie eine bedeutende Rolle. Bis 1972 war die Manufaktur im Jagdschloss über der Weser ansässig, seither ist hier das Porzellanmuseum untergebracht, das einen Überblick über die Herstellung des »Weißen Goldes« vom Rokoko bis zur Moderne gibt.
Porzellanmuseum, Meinbrexener Straße 2, 37699 Fürstenberg, Tel. 052 71/40 11 61, www.fuerstenberg-porzellan.com, Apr.–Okt. Di–So 10–17 Uhr, Nov.–März Sa+So 10–17 Uhr.

28

*40 km*

B80

In Bad Karlshafen links auf die B80 abbiegen und der Bundesstraße 40 km über Gieselwerder bis nach Hann. Münden zurück folgen.

***Strecke:*** *Die Bundesstraße windet sich, immer dem Lauf der Weser folgend, durch die grüne Flussaue.*

**Info:** Einen ehrgeizigen Plan hatte Landgraf Karl von Hessen-Kassel, als er 1699 Bad Karlshafen gründete. Die Stadt sollte Ausgangspunkt einer neuen Wasserstraße Richtung Kassel werden. Ziel war es, die lästigen Zölle von Hannoversch Münden zu umgehen. Nur ein rund 20 km langer Abschnitt des Landgraf-Carl-Kanals wurde schließlich fertiggestellt. Der Kanalabschnitt ist noch heute gut zu erkennen. Hauptbau und Blickfang der Stadt ist das direkt am Hafenbecken gelegene, ehemalige Packhaus, das heute als Rathaus dient.

Wer zum Ende der Tour noch Zeit und Lust hat, kann von Gieselwerder aus den schönen Reinhardswald erkunden. Fast jeder kennt dieses Mittelgebirge indirekt aus Kindheitstagen. Auf einer Höhe dort thront die Sababurg, angeblich Schauplatz des grimmschen Märchens vom Dornröschen, das hier einst ein Prinz wach geküsst haben soll.

Dornröschenschloss Sababurg, Im Reinhardswald, 34369 Hofgeismar, Tel. 056 71/80 80, www.sababurg.de

E

Immer wieder stößt man an der Weser auf Fachwerk und altes Gemäuer.

Wie aus einem Märchen: der Reinhardswald.

# Leine los!

## Von Hildesheim durchs Leinebergland

2

(A) **Ausgangsort**
Hildesheim (D-31134)

(E) **Zielort**
Hildesheim (D-31134)

175 km ★★ ★★★★

**Straßentypen** (in Prozent der Streckenlänge)

80 | 20

- Landstraße/asphaltierte Nebenstraße
- Bundesstraße/Schnellstraße

Diese Tour können Sie mit Route 3 kombinieren.

**Tourist-Information Hildesheim**
Rathausstraße 20
D-31134 Hildesheim
Tel. 051 21/179 80
tourist-info@hildesheim-marketing.de
www.hildesheim.de

(→ *weitere Adressen siehe Seite 186*)

Kaum zu verstehen, dass das Leinebergland neben dem Harz und dem Weserbergland solch ein Schattendasein führt. Tolle Kurven gibt es hier in allen Variationen. Als echter Geheimtipp führt diese Tour über schön bewaldete Höhen und entlang des Flüsschens Leine. Man kann sie mit Tempo fahren oder auch in Ruhe auskosten. Nicht zuletzt beginnt hier die Motorradsaison deutlich früher als in höheren Lagen, meistens schon ab Anfang März.

Route 2
DEUTSCHLAND
Hamm
Goslar
Magdeburg
Leipzig
Erfurt
Frankfurt
Mainz
Bamberg
TSCHECH. REP.
Moringen
Einbeck
Freden
Alfeld
Sack
Sibbesse
Westfeld
Diekholzen
Ochtersum
Hildesheim
Burgstemmen
Gronau
Hohe Tafel 395
Hildesheimer Wald
Ahrensberg 374
Ruine Winzenburg
Winzenburg
Adenstedt
Lamspringe
Bad Salzdetfurth
Greene
Ippensen
Erzhausen
Leine
Aue
Northeimer Seenplatte
Edesheim
Northeim
Wiebrechtshausen
Lagershausen
Echte
Kalefeld
Bad Gandersheim
Niedersachsen
Haryberg 285
Lamme
Innerste
Nette
Bockenem
Seesen
Westerhöfer Wald
Bornberg 301
Elvershausen
Marke
Dorste
Nienstedt
Förste
Söse
Rhume
Ilme
Top Tipp
B3
B64
L462
L480
L468
K408
B1
L460
L486
L485
L469
L487
B241
E45
A7
L488
L489
B243
B445
B248
B64
A7
E45
B6
L525
K31
B242
B82
Route
5 km
1
2
3
4
5
6
7
8
9
10
11
12
13
14
15
16
17
18

## Tour-Stationen auf einen Blick

**Tourlänge:** 175 km

| Nr. | Ort | PLZ | GPS-Koordinaten |
|---|---|---|---|
| Ⓐ | Hildesheim | D-31134 | N 52 08.675 E 09 56.366 |
| 02 | Ochtersum | D-31139 | N 52 07.302 E 09 57.450 |
| 03 | Sibbesse | D-31079 | N 52 03.446 E 09 54.195 |
| 04 | Sack | D-31061 | N 51 59.992 E 09 51.704 |
| 05 | Adenstedt | D-31079 | N 52 00.114 E 09 57.726 |
| 06 | Lamspringe | D-31195 | N 51 57.445 E 10 00.508 |
| 07 | Bad Gandersheim | D-37581 | N 51 52.239 E 10 00.683 |
| 08 | Echte | D-37589 | N 51 47.361 E 10 04.031 |
| 09 | Nienstedt | D-37520 | N 51 44.609 E 10 10.078 |
| 10 | Marke | D-37520 | N 51 43.265 E 10 09.252 |

| Nr. | Ort | PLZ | GPS-Koordinaten |
|---|---|---|---|
| - | Elvershausen | D-37191 | N 51 42.641 E 10 05.261 |
| 11 | Lagershausen | D-37154 | N 51 44.829 E 10 02.039 |
| 12 | Wiebrechtshausen | D-37154 | N 51 44.415 E 10 00.985 |
| 13 | Edesheim | D-37154 | N 51 44.952 E 09 58.035 |
| 14 | Einbeck | D-37574 | N 51 48.933 E 09 52.395 |
| 15 | Ippensen | D-37547 | N 51 50.541 E 09 58.082 |
| 16 | Freden | D-31084 | N 51 55.690 E 09 53.614 |
| 17 | Alfeld | D-31061 | N 51 58.989 E 09 49.389 |
| 18 | Burgstemmen | D-31171 | N 52 08.694 E 09 46.554 |
| Ⓔ | Hildesheim | D-31134 | N 52 08.675 E 09 56.366 |

Die Tabelle enthält die wichtigsten Stationen der Route – ggf. wurden Orte weggelassen oder zur exakteren Navigation ergänzt; Referenzsystem der GPS-Koordinaten: WGS84

1

*4 km*

B243

Ⓐ

## Hildesheim über die B243 Richtung Bockenem verlassen und 4 km bis hinter Ochtersum fahren.

*Strecke: Auf vierspuriger Bundesstraße durch die Stadtrandgebiete.*

**Info:** Hildesheim bietet viel Sehenswertes und lohnt einen längeren Aufenthalt. Das berühmte Knochenhaueramtshaus am historischen Marktplatz aus dem Jahr 1592 gilt als das schönste Fachwerkhaus der Welt. Es wurde komplett aus Holz erbaut – selbst die Nägel und Verbindungsstücke sind aus Holz. Das Gildehaus des Fleischerhandwerks beherbergt heute neben einer Gaststätte auch das Stadtmuseum und das Roemer- und Pelizaeus-Museum, in dem kostbare Schätze aus dem Land der Pharaonen zu sehen sind.

Roemer- und Pelizaeus-Museum im Knochenhaueramtshaus, Am Steine 1–2, 31134 Hildesheim, Tel. 051 21/936 90, www.rpmuseum.de, Di–So 10–18 Uhr.

Wahrzeichen Hildesheims ist die trutzige, aus ottonischer Zeit stammende Basilika St. Michael (960–1022), die zum UNESCO-Weltkulturerbe zählt. Nach der Zerstörung im Zweiten Weltkrieg wurde sie in den 1950er-Jahren wieder aufgebaut und vor wenigen Jahren restauriert. Neben den spätromanischen Engelschorschranken, dem Kreuzgang und der Krypta sollte man sich unbedingt die großartige, bemalte Holzdecke des Langhauses ansehen.

Dom Mariä Himmelfahrt, Domhof 9, 31134 Hildesheim, Tel. 051 21/179 17 61.

Hier macht Bummeln Spaß: der wundervolle historische Hildesheimer Marktplatz.

### Tipp: Café Amadeus

**Restaurant-Tipp:** Halb Pub, halb Café – selbst essen kann man im Amadeus, einem urig-gemütlichen Lokal nur einen Steinwurf vom Marktplatz entfernt. Der Kaffee schmeckt vorzüglich, am Abend kann man aus einer Fülle verschiedener Biersorten wählen.

Café-Restaurant Amadeus, Marktstraße 17, 31134 Hildesheim, Tel. 051 21/98 19 66.

**2**
*11 km*
L485

## Rechts von der Bundesstraße abfahren und auf der L485 über Diekholzen 11 km bis Sibbesse.

***Strecke:*** *Kurvenreicher Auftakt durch den Hildesheimer Wald.*

**Restaurant-Tipp:** Auf der höchsten Erhebung des Hildesheimer Waldes sorgt ein Aussichtsturm für herrlich freie Rundumsicht und eine Ausflugsgaststätte mit Biergarten für Stärkung. Vor Diekholzen rechts abbiegen und gleich wieder links in den Turmweg.

Hildesheimer Aussichtsturm, Turmweg 1, 31139 Hildesheim, Tel. 051 21/23 13 42.

**3**
*9 km*
L485

## Geradeaus durch Sibbesse, weiterhin auf der L485 in Richtung Alfeld. Hinter Westfeld rechts halten, und 9 km bis zum Ort Sack fahren.

***Strecke:*** *Schräglagenspaß – durch ein weiteres Waldstück.*

**4**
*9 km*
L469
L489

## In Sack scharf links und 9 km auf der L469/L489 bis hinter Adenstedt.

***Strecke:*** *Und noch mehr Kurven – auf landschaftlich reizvoller Strecke!*

5
*6 km*
L489

## Hinter Adenstedt rechts abbiegen, 6 km auf der L489 bis Lamspringe.

**Restaurant- und Hotel-Tipp:** Die Biker der Gegend schätzen den Lindenhof in Lamspringe. Der einfache und rustikale, aber gemütliche Gasthof ist in einem alten Fachwerkhaus untergebracht.
Hotel-Restaurant Linderhof, Bergstraße 10, 31195 Lamspringe, Tel. 051 83/940 90, www.lindenhoflamspringe.de €

6
*12 km*
L489

## In Lamspringe am Kreisverkehr die 2. Ausfahrt nehmen und 12 km auf der L489 bis nach Bad Gandersheim fahren – in den Ort, rechts halten.

***Strecke:*** *Vor Gandersheim wird es erneut etwas kurviger.*

**Info:** Lust auf einen Zwischenstopp? Das alte und sehr gepflegte Stadtbild von Bad Gandersheim mit zahlreichen Fachwerkhäusern lädt zu einem Erkundungsspaziergang ein. Sehenswert sind die mächtige romanische Stiftskirche, die im Stil der Weserrenaissance erbaute Abtei sowie eines der ältesten niedersächsischen Fachwerkhäuser von 1473, »Bracken« genannt (www.bad-gandersheim.de).

## A Winzenburg

***Strecke:*** *Anfahrt von Lamspringe auf der landschaftlich schönen L488.*

**Info:** Die Ruine der Winzenburg erreicht man in halbstündigem Fußmarsch vom Ort Winzenburg. Allerdings ist von dem einst mächtigen Gemäuer, das im späten Mittelalter die Region dominierte, wenig übrig geblieben. 1523 fiel die Burg an den Herzog von Braunschweig. Der ließ im Tal das heutige Winzenburg samt Amtshof errichten. Die Steine der Burg mussten als Baumaterial herhalten.

**Restaurant-Tipp:** Unterhalb der Burg liegt die Fischerhütte. Neben frischem Fisch aus eigenen Teichen gibt es Räucherfisch zum Mitnehmen.
Fischerhütte Winzenburg, Am Gehrkamp 1, 31088 Winzenburg, Tel. 051 84/311, www.fischerhuette-winzenburg.de

7
*13 km*
–
B445

Am Kreisel an der Holzmindener Straße die 3. Ausfahrt nehmen. Danach gleich links, dann nach 1 km rechts abbiegen und 11,5 km auf der B445 über Kalefeld bis nach Echte fahren.

***Strecke:*** *Auf die etwas komplizierte Partie durch Gandersheim folgt ein spritziger Streckenabschnitt.*

8
*12 km*
L525

An der Kreuzung mit der B248 vor Echte geradeaus, 12 km auf der L525 Richtung Förste.

TOP TIPP ***Strecke:*** *Absolute Traumetappe über den Höhenzug Westerhöfer Wald. In der vorletzten Kehre vor dem Örtchen Nienstedt genießt man einen wunderbaren Blick auf den schon sehr nahen Westharz.*

9
*3 km*
K31

Zwischen Nienstedt und Förste rechts Richtung Dorste abbiegen und 3 km auf der K31 bis zum Abzweig nach Marke.

***Strecke:*** *Schnelle Fahrt durchs Sösetal.*

Traumetappe über den Westerhöfer Wald.

10
*14 km*
–

**Hier rechts abbiegen und 14 km über Marke und Elvershausen (dort rechts halten) bis zur B248 hinter Lagershausen fahren.**

***Strecke:*** *Genusspiste auf schmaler Straße mit äußerst angenehmen Richtungswechseln durch eine landschaftlich reizvolle Ecke.*

11
*2 km*
B248

**An der B248 links und der Bundesstraße knapp 2 km bis Wiebrechtshausen folgen.**

***Strecke:*** *Eher unspektakuläre Bundesstraße durchs Leinetal.*

12
*4 km*
–

**In Wiebrechtshausen rechts abbiegen und 4 km bis Edesheim, in Edesheim links zur B3 fahren.**

***Strecke:*** *Unter der A7 hindurch – die Stadtdurchfahrt Northeim wird so vermieden.*

**Info:** Abkühlung verschafft ein Sprung in einen der zwölf Seen der Northeimer Seenplatte in unmittelbarer Nähe von Edesheim. Am Großen See gibt es eine großflächige Liegewiese und eine ausgewiesene Badestelle mit Badeplattformen sowie Umkleidemöglichkeiten.

Stimmungsvoll und einsam: das Leinebergland bei Northeim.

13
*11 km*
B3

**Jetzt rechts auf die B3 auffahren, 11 km auf der Bundesstraße bis zur Ausfahrt Einbeck, hier abfahren und rechts zur Stadtmitte abbiegen.**

***Strecke:*** *Schnelle Zielgerade zum Einbecker Bier.*

**Info:** Bekannt ist Einbeck durch das gleichnamige Bier, das nicht nur heute, sondern bereits im 16. Jahrhundert seine Anhänger hatte. Unter ihnen auch Marthin Luther. Der Urvater der Reformation erhielt von Herzog Erich auf dem Reichstag zu Worms 1521 einen Krug Einbecker, das ihn regelrecht in Verzückung versetzte: »Der beste Trank, den einer kennt, der wird Einbecker Bier genannt.« Die Einbecker Brauerei kann im Rahmen einer dreistündigen Führung besichtigt werden. Termine und ein Anmeldeformular findet man im Internet.
Einbecker Brauhaus AG, Papenstraße 4–7, 37574 Einbeck, Tel. 055 61/79 70, www.einbecker.de

**Event-Tipp:** Ein Höhepunkt des lokalen Veranstaltungskalenders ist das alljährliche Einbecker Eulenfest am zweiten Oktoberwochenende. Die Bierstadt verwandelt sich dann in eine große Partymeile, auf der Musiker und Künstler ihr Können zeigen (www.eulenfest.de).

Das Einbecker Brauhaus bietet Führungen an.

14
*9 km*
L487

In der Stadtmitte Einbeck rechts in die Beverstraße, dann gleich wieder rechts in die Grimsehlstraße stadtauswärts abbiegen und 9 km auf der L487 bis hinter Ippensen fahren.

15
*13 km*
L487

Hinter Ippensen links abbiegen, in Greene die B64 überqueren, dann rechts und 13 km auf der L487 über Erzhausen bis Freden fahren.

***Strecke:*** *Gut zu fahrender Abschnitt des schönen Leinetals – vorbei am Pumpspeichersee Erzhausen.*

16
*10 km*
L486

In Freden rechts, dann nach der Leinebrücke und Bahnüberführung scharf links abbiegen, 10 km auf der L486 nach Alfeld.

**Info:** Auch das Stadtbild von Alfeld ist vom Fachwerk geprägt. Bemerkenswert sind das renovierte Rathaus von 1585, ein Bau der Weserrenaissance, sowie die gotische Hallenkirche St. Nicolai von 1205.

Unendliche Weiten: auf dem Weg ins Leinetal.

Abendlicher Ausklang einer fantastischen Tour.

17
*20 km*
K408
L480
L468

In Alfeld an der Bahnhofstraße rechts, im folgenden Kreisverkehr die 2. Ausfahrt nehmen. Jetzt 20 km der K408 – später L480 und L468 – über Gronau bis nach Burgstemmen folgen.

***Strecke:*** *An der Leine entlang in Richtung Norden.*

**Restaurant- und Hotel-Tipp:** Der Braune Hirsch in Alfeld liegt gleich am Ortsanfang. Das bikerfreundliche Haus verfügt über einen schönen Biergarten sowie Garagen und Parkplätze, auch ein Trockenraum ist vorhanden. Der Wirt ist zudem selbst passionierter Biker und gibt gerne Tipps. Neben Deftigem kann man im Restaurant auch Fischgerichte, Salate und Snacks für den kleinen Hunger ordern.

Landgasthaus Zum braunen Hirsch, Am Thie 14, 31061 Alfeld, Tel. 051 81/85 02 90, www.zumbraunenhirsch.de €€

18
*13 km*
B1

In Burgstemmen rechts auf die B1 und auf der Bundesstraße 13 km zurück nach Hildesheim.

***Strecke:*** *Teilweise vierspurig ausgebaute Bundesstraße.*

E

# Von Kirschen, Kurven und Kirchen

## Im Eichsfeld und im Kaufunger Wald

3

# ROUTE 3

## Harzvorland – Von Kirschen, Kurven und Kirchen

Ⓐ **Ausgangsort**
Osterode (D-37520)

Ⓔ **Zielort**
Osterode (D-37520)

191 km ★★★ ★★

**Straßentypen** (in Prozent der Streckenlänge)

75 | 25

■ Landstraße/asphaltierte Nebenstraße
■ Bundesstraße/Schnellstraße

Diese Tour können Sie mit Route 1 und 2 kombinieren.

**HVE Eichsfeld Touristik e. V.**
Rossmarkt 3
D-37339 Leinefelde-Worbis
Tel. 03 60 74/62 16 50
info@eichsfeld.de
www.eichsfeld.de

(→ *weitere Adressen siehe Seite 186*)

Das ist Genussbiken: im Werratal Kirschen naschen, sich die leckeren Mettwürste schmecken lassen und dann dem Himmel in einer der vielen Kirchen im Eichsfeld für diese Tour danken. Der Fahrspaß kommt dabei natürlich nicht zu kurz. Vor allem die abgelegenen Straßen im hügeligen Land zwischen Harz und Weser versprechen wahre Motorradfreuden. Wegen teils zernarbter Teerdecken erfordert das Fahren jedoch Feingefühl in der Gashand.

Route 3
DEUTSCHLAND
Hamm
Goslar
Magdeburg
Leipzig
Erfurt
Frankfurt
Mainz
Bamberg
TSCHECH. REP.
Lerbach
B498
853
Großer Sonnenberg
Braunlage
B4
Naturpark
Harz
Osterode am Harz
Dorste
Söse
Klusberg
260
B243
Herzberg am Harz
B27
Bad Lauterberg
Northeim
B248
Katlenburg-Lindau
B241
Sudheim
Bühle
Leine
Bishausen
Wehberg
298
B247
B446
Nörten-Hardenberg
Gieboldehausen
Rhume
Rhumequelle
Rhumspringe
B243
Wahlsburg
L554
L555
Harste
Adelebsen
B3
Trendelburg
B80
Reinhardswald
Weser
L559
Göttingen
Niedersachsen
L530
Duderstadt
Thüringen
Hofgeismar
Dransfeld
Gaußturm
478
A7
E45
Reinhardshagen
Hoher Hagen
Jühnde
Gleichen
428
Teistungen
Ohmgebirge
B83
Hessen
Meensen
L1009
B247
Worbis
Bleicherode
Hann. Münden
Lippoldshausen
L1005
Günterode
B80
A38
B3
B496
B7
Naturpark
Hessen
Werra
B80
Bornhagen
Top Tipp
Heilbad Heiligenstadt
Hockelrain
515
Kaufunger Wald
Meißner-Kaufunger Wald
Witzenhausen
L1072
Ruine Hanstein
L2022
Kassel
Fulda
Werleshausen
L1002
L1003
Dieterode
Kalteneber
Dingelstädt
Unstrut
Vatterode
Route
5 km
N
A
E

## Tour-Stationen auf einen Blick

**Tourlänge:** 191 km

| Nr. | Ort | PLZ | GPS-Koordinaten |
|---|---|---|---|
| A | Osterode | D-37520 | N 51 43.437 E 10 14.639 |
| 02 | Katlenburg | D-37191 | N 51 40.784 E 10 05.951 |
| 03 | Sudheim | D-37154 | N 51 39.814 E 09 58.930 |
| 04 | Nörten-Hardenberg | D-37176 | N 51 37.630 E 09 55.445 |
| 05 | Harste | D-37120 | N 51 35.882 E 09 51.241 |
| 06 | Adelebsen | D-37139 | N 51 34.239 E 09 45.366 |
| 07 | Dransfeld | D-37127 | N 51 30.143 E 09 45.355 |
| 08 | Jühnde | D-37127 | N 51 27.822 E 09 48.053 |
| 09 | Hann. Münden | D-34346 | N 51 25.068 E 09 40.225 |
| 10 | Witzenhausen | D-37213 | N 51 20.884 E 09 53.266 |
| 11 | Werleshausen | D-37214 | N 51 19.420 E 09 54.088 |
| 12 | Bornhagen | D-37318 | N 51 20.870 E 09 57.745 |
| 13 | Vatterode | D-37318 | N 51 18.177 E 10 01.388 |
| 14 | Dieterode | D-37318 | N 51 17.784 E 10 06.395 |
| 15 | Kalteneber | D-37308 | N 51 19.323 E 10 08.694 |
| 17 | Heiligenstadt | D-37308 | N 51 24.163 E 10 07.697 |
| 18 | Teistungen | D-37339 | N 51 28.332 E 10 15.933 |
| 19 | Duderstadt | D-37115 | N 51 30.969 E 10 15.656 |
| 20 | Herzberg | D-37412 | N 51 39.034 E 10 19.994 |
| E | Osterode | D-37520 | N 51 43.437 E 10 14.639 |

Die Tabelle enthält die wichtigsten Stationen der Route – ggf. wurden Orte weggelassen oder zur exakteren Navigation ergänzt; Referenzsystem der GPS-Koordinaten: WGS84

1

13 km

B241

## Von Osterode auf der B241 der Ausschilderung Northeim folgen, 13 km bis Katlenburg fahren.

**Info:** Rund um den Kornmarkt und das Alte Rathaus in Osterode gruppieren sich malerische Fachwerkhäuser – ein Altstadtensemble, wie man es in der Mitte Deutschlands immer wieder bewundern kann.

**Restaurant- und Hotel-Tipp:** Das Hotel Sauerbrey im Osteroder Ortsteil Lerbach hat sich ganz auf die Ansprüche von Motorradfahrern eingestellt. Garagenstellplätze sind vorhanden, zahlreiche Tourenvorschläge bekommt man an der Rezeption. Die Küche des Hauses legt besonders großen Wert auf frische, regionale Spezialitäten.

Hotel Sauerbrey, Friedrich-Ebert-Straße 129, 37520 Osterode-Lerbach, Tel. 055 22/509 30, www.hotel-sauerbrey.de €€

2

11 km

B247

–

## In Katlenburg links auf die B247, nach 300 m von der Bundesstraße rechts abbiegen in die Suteroder Straße und 11 km bis nach Sudheim fahren.

***Strecke:** Das hübsche Sträßchen windet sich durch Wald und Wiesen. Die mit Serpentinen durchsetzte Abfahrt ins Leinetal ist recht holprig und stellenweise mit Rollsplitt bedeckt.*

Tolle Kurven gleich zu Beginn der Tour.

3
7 km
–

An der Kreuzung vor Sudheim links abbiegen. Über Bühle und Bishausen (hier rechts) erreicht man nach 7 km Nörten-Hardenberg.

*Strecke:* *»King of the Road«: Die schöne, kaum frequentierte Straße hat man oft ganz für sich alleine.*

**Info:** Nörten-Hardenberg wird von der Burgruine Hardenberg überragt, die als Heimat des gleichnamigen Adelsgeschlechts gilt. Eine Besichtigung ist entweder im Rahmen einer Führung möglich – oder auch auf eigene Faust. Den Schlüssel bekommt man an der Rezeption des Burghotels. Noch heute vielen bekannte Vertreter der Hardenbergs sind der romantische Dichter Novalis, die Moderatorin Tita von Hardenberg sowie der Spirituosenhersteller Hardenberg-Wilthen.
Geführte Besichtigungen immer So+Fei 12.30 und 15.30 Uhr. Anmeldung: KeilerLaden Hardenberg, Vorderhaus 2, 37176 Nörten-Hardenberg, Tel. 055 03/80 20.

**Restaurant- und Hotel-Tipp:** Der Gastgeber des Burghotels ist ebenfalls ein echter Graf von Hardenberg, das Haus eine feine Herberge mit Golfresort. Im Gourmet-Restaurant Novalis wird edelste Küche geboten. In der Gräflich von Hardenberg'schen Kornbrennerei können bei einer Führung noble Spirituosen verkostet werden.
Burghotel Hardenberg, Hinterhaus 11 A, 37176 Nörten-Hardenberg, Tel. 055 03/98 10
www.burghotel-hardenberg.de €€€

Exklusive Adresse: das Burghotel Hardenberg zu Füßen der schönen Burgruine.

4
*7 km*
–
B446
L555

**In Nörten-Hardenberg links auf die Göttinger Straße, dann rechts auf die B446 Richtung Autobahn abbiegen. Hinter der Unterführung der B3 links auf die L555 und 6,5 km bis Harste fahren.**

**Strecke:** *Nach der Stadtdurchfahrt passiert man das breite Leinetal.*

**Info:** Das ausgedehnte Leinetal bietet Platz für eine der wichtigsten Verkehrsachsen Deutschlands. Die B3, die A7, die D-Zug-Strecke Hamburg–München und die ICE-Trasse verlaufen hier.

5
*10 km*
L555
L554

**In Harste rechts, dann gleich wieder links auf die Emmenhäuser Straße (L555/L554) Richtung Uslar und 10 km bis Adelebsen fahren – um den Ort.**

**Strecke:** *Die gut ausgebaute Landstraße schwingt sich durchs Grüne.*

6
*10 km*
L559

**Jetzt von der Umgehungsstraße links auf die L559 abbiegen, 10 km bis Dransfeld.**

**Strecke:** *Schmale Teerpiste mit angenehmen Kurven durch die östlichen Ausläufer des Gebirgszugs Solling.*

## A Göttingen

**Info:** »Stadt, die Wissen schafft« lautet das Motto Göttingens, das zu den traditionsreichsten Universitätsstädten des Landes zählt. Noch heute prägen die rund 25 000 hier lebenden, angehenden Akademiker das städtische Leben. Fachwerk dominiert die idyllische Altstadt. Nicht entgehen lassen sollte man sich einen Besuch des zentral gelegenen Alten Rathauses, dessen Kernbau 1270 errichtet und 1366 zum Rathaus erweitert wurde. Bemerkenswert sind die schöne Eingangslaube, die romantisch ausgemalte Halle mit der Gerichtsnische sowie der einzigartige bronzene Türzieher in Form eines Löwenkopfes – der älteste seiner Art in Deutschland (www.goettingen.de).

Altes Rathaus, Markt 9, 37073 Göttingen, Tel. 05 51/49 98 00.

7

*7 km*

B3

L559

**In Dransfeld links auf die B3, nach 2 km rechts von der Bundesstraße abbiegen und 5 km auf der L559 bis nach Jühnde.**

**Info:** Am Gut Hoya zweigt eine Straße zum Hohen Hagen ab, einer der nördlichsten Vulkanberge Deutschlands. Der 51 m hohe Gaußturm, nach dem berühmten Göttinger Mathematiker und Astronom Carl Friedrich Gauß benannt, wurde 1964 auf 478 m Höhe errichtet und bietet einen fantastischen Rundblick auf Solling und Kaufunger Wald bis zum Harz. Gauß diente der Berg damals als natürlicher Fixpunkt zur Vermessung des ehemaligen Königreichs Hannover. Deutliche Narben hat der frühere Basaltabbau am Hohen Hagen hinterlassen. Ein Geologie- und Bergbaupfad informiert über den Abbau.

8

*13 km*

–

**In Jühnde, im Linksknick der Hauptstraße, rechts in die Dorfstraße abbiegen, 4 km bis Meensen. Hier rechts und über Wiershausen 9 km bis nach Hann. Münden fahren.**

***Strecke:*** *Landschaftlich reizvolle, kleine Straße durch den waldreichen Naturpark Münden.*

9

*17 km*

B80

## In Hann. Münden links auf die B80 und der Bundesstraße 17 km bis Witzenhausen folgen.

***Strecke:*** *Schöne Bundesstraße an der Werra entlang.*

**Info:** In Hann. Münden »küssen sich Werra und Fulda«, wie es im alten Kinderreim so schön heißt, und nennen sich fortan Weser. Die Drei-Flüsse-Stadt und ihr historischer Stadtkern bezaubern mit über 700 restaurierten Fachwerkhäusern. Das nach einem Brand 1562–1584 wiederaufgebaute Welfenschloss und das historische Rathaus sind Musterbeispiele der Weserrenaissance (www.hann.muenden.de).

Vor dem Zusammenfluss bahnt sich die Werra ihr Tal durch den bis zu 650 m hohen Kaufunger Wald, einer rauen, waldreichen Hochebene. Dagegen wirkt das Werratal geradezu lieblich. Kaufunger Wald und der südlich liegende Hohe Meißner (753 m) wurden zu einem Naturpark zusammengeschlossen (www.naturpark-mkw.de).

**Restaurant- und Hotel-Tipp:** Zweiradfahrer sind besonders willkommen im Landgasthaus Zur Brücke in Lippoldshausen, das nur einen Kilometer abseits der B80 liegt. Hier kann man günstig übernachten, deftig speisen und weiß sein Motorrad sicher untergebracht.

Landgasthaus Zur Brücke, An der Brückenecke 2, 34346 Hann. Münden, Ortsteil Lippoldshausen, Tel. 055 41/63 75, www.zurbruecke.com €

Weserrenaissance in Reinkultur: die prächtige Tür des Hann. Mündener Rathauses.

**10**
*6 km*
B80
B27

In Witzenhausen vor der Werrabrücke links auf die B80 abbiegen. Nach 2,5 km rechts auf die B27 und 3,5 km Richtung Bad Sooden-Allendorf fahren.

***Strecke:*** *Weiter durch die sanften Kuppen des Werratals.*

**Info:** Ein wirklich einmaliges Bild! Wer hier im Frühjahr unterwegs ist, erlebt einen Blütentraum par excellence. Rund um Witzenhausen blühen 150 000 Kirschbäume. Die Stadt mit Umland gilt als größtes zusammenhängendes Kirschanbaugebiet Europas.

**Event-Tipp:** Jedes Jahr im Juli wird in Witzenhausen die Kesperkirmes abgehalten, ein Altstadtfest mit Tradition. Höhepunkt der Feierlichkeiten ist natürlich die Wahl der Witzenhäuser Kirschenkönigin. Doch auch die deutschen Meisterschaften im Kirschsteinspucken und eine Oldtimer-Ausfahrt begeistern das Publikum (www.kesperkirmes.de).

**11**
*7 km*
L1072

Kurz vor der Werrabrücke bei Werleshausen links auf die L1072. Der Ausschilderung Ruine Hanstein folgen und 7 km bis Bornhagen.

***Strecke:*** *Genussfahrt vorbei an Feldern, Wiesen und kleinen Dörfern.*

Naturschauspiel: Kirschblüte im Werratal.

12
*8 km*
L1002

## Hinter Bornhagen rechts abbiegen und 8 km auf der L1002 in Richtung Vatterode fahren.

**Info:** Ein enges Sträßchen schwingt sich hinauf zur Burgruine Hanstein. Sie gilt als eine der schönsten mittelalterlichen Festungsanlagen Deutschlands. Auch die Aussicht über das Bergland links und rechts der Werra ist umwerfend.

TOP TIPP **Restaurant- und Hotel-Tipp:** Unterhalb der Burgruine liegt das urige Wirtshaus Klausenhof. Das Eichsfeld ist bekannt für seine hervorragende Mettwurst, aber auch andere Hausschlachtwürste stellt man hier, im 2007 als »Bestes Wirtshaus Thüringens« ausgezeichneten Klausenhof, in bester Qualität her. Übernachtungen in allen Preislagen – vom Strohlager bis zum Fürstenzimmer.

Wirtshaus Klausenhof, Unterm Hanstein, 37318 Bornhagen/Eichsfeld,
Tel. 03 60 81/614 22, www.klausenhof.de €–€€€

13
*8 km*
–
L1003

## Vor Vatterode scharf links auf die Dorfstraße, durch Vatterode (L1003) hindurch. Nach 1,5 km rechts und 6,5 km weiter auf der L1003 bis Dieterode.

***Strecke:*** *Ab hier führt die Strecke mit herrlichen Kurven durch den Naturpark Eichsfeld-Hainich-Werratal. Stellenweise geflickter Teerbelag.*

Stolz erhebt sich die Burgruine Hanstein über dem Dörfchen Rimbach bei Bornhagen.

**14**
*5 km*
–

Hinter Dieterode links abbiegen und 5 km bis hinter Kalteneber fahren.

**Strecke:** *Erfrischendes Serpentinenstück bergauf zur Hochebene.*

**15**
*8 km*
L2022

Hinter Kalteneber an der Einmündung auf die L2022 links abbiegen, bis Heiligenstadt sind es 8 km.

**Strecke:** *Waldstraße mit schwungvoller Abfahrt nach Heiligenstadt.*

**16**
*4 km*
L1005

In Heiligenstadt geradeaus über die B80 hinweg, 1 km auf der Göttinger Straße durch den Stadtkern, dann rechts Richtung A38 und über den Richteberg (L1005) 3 km stadtauswärts bis hinter die A38.

**Info:** Gleich drei große gotische Kirchen bestimmen das Bild von Heiligenstadt, der Hauptstadt des katholisch geprägten Eichsfelds. Von 1856 bis 1864 arbeitete Theodor Storm hier als Richter, als Schrifsteller setzte er sich intensiv mit Christentum und Kirche auseinander. Das Literaturmuseum Theodor Storm widmet sich seinem Werk.

Literaturmuseum Theodor Storm, Am Berge, 37308 Heilbad Heiligenstadt, Tel. 036 06/61 37 94, Di–Fr 10–17 Uhr, Sa+So 14.30–16.30 Uhr.

Entspannt durchs Eichsfelder Hügelland.

**17**
*13 km*
L1009

**Hinter der Auffahrt zur A38 rechts abbiegen und 13 km auf der L1009 (hinter Günterode links abbiegen) bis Teistungen fahren.**

**Strecke:** *Alleenstraße durchs landwirtschaftlich geprägte Eichsfeld.*

**18**
*5 km*
B247

**In Teistungen links auf die B247 und der Bundesstraße 5 km bis Duderstadt folgen.**

**Info:** Planen Sie unbedingt einen Abstecher in die historische Altstadt von Duderstadt ein. Der kann wegen eines durchdachten Verkehrskonzepts sogar per Motorrad stattfinden. Das bunte Fachwerk von mehr als 500 Bürgerhäusern aus dem 15. bis 19. Jahrhundert wird vom geschwungenen Oval der 1700 m langen Stadtmauer eingefasst. Zahlreiche Bauten und Portale sind mit kunstvollen Schnitzereien verziert (www.duderstadt.de).

**Restaurant-Tipp:** In der Duderstädter Marktstraße sollte man dem Eiscafé Al Pino einen Besuch abstatten. Hier werden die vielen leckeren Sorten als Megaportionen zu kleinen Preisen serviert.

Al Pino, Marktstraße 20, 37115 Duderstadt, Tel. 055 27/99 97 01.

19
*20 km*
B247
L530

**Durch Duderstadt auf dem Stadtring (B247) bis zur Göttinger Straße. Hier nicht der B247 folgen, sondern geradeaus 0,5 km bis zum Kreisel, die 3. Ausfahrt nehmen und 19,5 km (L530) über Rhumspringe bis Herzberg fahren.**

***Strecke:*** *Flotte Kurvenfahrt zurück in Richtung Harz.*

**Info:** Nach einem kurzen Fußmarsch vom Parkplatz am nordöstlichen Ortsrand von Rhumspringe erreicht man die Rhumequelle, Deutschlands größte artesische Quelle. Bedingt durch den hohen hydrostatischen Druck des Wassers schüttet sie rund 2 500 Liter Wasser pro Sekunde aus. Rein rechnerisch könnte damit der Trinkwasserbedarf aller Einwohner Deutschlands Tag für Tag gedeckt werden.

20
*12 km*
B27
B243

**In Herzberg rechts auf die B27 und gleich wieder links auf die B243. Nach 1 km links auf die Osteroder Straße abbiegen, 11 km zurück nach Osterode.**

E

***Strecke:*** *Am südlichen Harzrand auf der alten Bundesstraße zurück zum Ausgangs- und Zielpunkt der Tour.*

## Tipp: Erlebnisbad Aloha

**Info:** Entspannung nach langer Fahrt bietet das Erlebnisbad Aloha am südlichen Stadtrand von Osterode. Geboten werden Schwimmbad, Saunen, Rutschen und ein Wildwasserkanal. Abends stimmungsvolle Lichteffekte.

Aqua-Land Osterode, Schwimmbadstraße 1, 37520 Osterode am Harz, Tel. 055 22/90 64 15, Mo 13–22, Di–Fr 9–22, Sa+So 9–20 Uhr, www.aqualand-osterode.de

Unterwegs im Harzvorland.

4

# Steile Wand und Schwarze Katz

## Durch den Westharz

# ROUTE 4 Harz – Steile Wand und Schwarze Katz

Ⓐ **Ausgangsort**
Osterode (D-37520)

Ⓔ **Zielort**
Osterode (D-37520)

143 km ★★★★ ★★★★

**Straßentypen** (in Prozent der Streckenlänge)

35 | 65

■ Landstraße/asphaltierte Nebenstraße
■ Bundesstraße/Schnellstraße

Diese Tour können Sie mit Route 5 kombinieren.

**Harzer Verkehrsverband e. V.**
Marktstraße 45
D-38640 Goslar
Tel. 053 21/340 40
info@harzinfo.de
www.harzinfo.de

(→ *weitere Adressen siehe Seite 186*)

**Der Westharz besticht durch seine kurvenreichen, gut ausgebauten Straßen. Vor allem am Wochenende sind jedoch viele Ausflügler unterwegs. Vor- und Weitsicht sind also geboten, dann lassen sich die genialen Kurven und Pisten dieser Tour in vollen Zügen genießen. So erreicht man sicher jene heimeligen oder quirligen Ecken des schönen Harz, wie in Torfhaus an der B4, wo sich Motorradfahrer zum netten Benzingespräch treffen.**

Route 4
Seesen
L516
Großer Trogtaler Berg
609
Innerste-stausee
Grane-stausee
Goslar
B241
Rammelsberger Bergwerk
Oker
Lautenthal
Hahnenklee
Stabkirche
Herrhausen
B64
B242
Münchehof
Torenberg
288
Nette
Innerste
Kreuzeck
Schalke
762
B498
A7
E45
Iberger Tropfsteinhöhle
Naturpark
Okerstausee
Bad Grund
Clausthal-Zellerfeld
Altenau
B4
L504
Torfhaus
Top Tipp
Brocken
1142
Sachsen-
Anhalt
Ilse
Aue
Prinzenteich
Dammhaus
Harz
H a r z
Oderteich
Achtermannshöhe
925
Söse
Lerbach
Bornberg
301
Großer Breitenberg
711
Söse-stausee
Sonnenberg
L519
Rehberg
893
Kalte Bode
B27
Osterode am Harz
Rhume
B241
B243
Uehrde
Niedersachsen
Oder
Braunlage
St. Andreasberg
L521
Oderhaus
N
Route
5 km
DEUTSCHLAND
Hamm
Goslar
Magdeburg
Leipzig
Erfurt
Frankfurt
Mainz
Bamberg
TSCHECH. REP.

## Tour-Stationen auf einen Blick

**Tourlänge:** 143 km

| Nr. | Ort | PLZ | GPS-Koordinaten |
|---|---|---|---|
| A | Osterode | D-37520 | N 51 43.740 E 10 15.757 |
| 02 | Lerbach | D-37520 | N 51 44.311 E 10 16.630 |
| 03 | Lerbach | D-37520 | N 51 45.782 E 10 18.244 |
| 04 | Zechenhaus | D-37520 | N 51 46.059 E 10 18.348 |
| 05 | Kreuzung B242 | - | N 51 48.168 E 10 17.764 |
| 06 | Seesen | D-38723 | N 51 53.510 E 10 10.541 |
| 07 | Lautenthal | D-38685 | N 51 52.625 E 10 17.060 |
| 08 | Kreuzeck | D-38644 | N 51 50.700 E 10 21.083 |
| 09 | Goslar | D-38640 | N 51 54.679 E 10 26.373 |
| 10 | Oker | D-38640 | N 51 54.555 E 10 28.476 |

| Nr. | Ort | PLZ | GPS-Koordinaten |
|---|---|---|---|
| 11 | Altenau | D-38707 | N 51 48.235 E 10 26.872 |
| 12 | Torfhaus | D-38667 | N 51 47.998 E 10 32.250 |
| 13 | Braunlage | D-38700 | N 51 42.899 E 10 35.871 |
| 14 | Oderhaus | D-37444 | N 51 41.756 E 10 34.084 |
| 15 | St. Andreasberg | D-37444 | N 51 42.917 E 10 31.405 |
| 16 | Sonnenberg | D-37444 | N 51 45.647 E 10 30.799 |
| 17 | Dammhaus | D-38707 | N 51 46.880 E 10 25.023 |
| E | Osterode | D-37520 | N 51 43.740 E 10 15.757 |

Die Tabelle enthält die wichtigsten Stationen der Route – ggf. wurden Orte weggelassen oder zur exakteren Navigation ergänzt; Referenzsystem der GPS-Koordinaten: WGS84

1
*2 km*
B241

**Von Osterode 2 km auf der B241 in Richtung Goslar fahren bis zur Abzweigung nach Lerbach.**

***Strecke:*** *Fahrt durch den rund 400 m langen Butterbergtunnel.*

**Info:** Osterode ist das westliche Tor zum Harz, eine malerische Fachwerkstadt, in der rund 27 000 Menschen leben. Besonders eindrucksvolle, seit dem Mittelalter errichtete Gebäude gruppieren sich rund um den Kornmarkt. In der großen Fußgängerzone kann man herrlich flanieren oder in einem der Cafés entspannen (www.osterode.de).

**Restaurant- und Hotel-Tipps:** Im Zentrum von Osterode bietet der Harzer Hof Motorradfahrern ein ideales Quartier. Hotelchef Stephan Zirbus begleitet seine Gäste mit seiner Enduro auf jedem Untergrund und bei jedem Wetter. Nachts dürfen die Bikes in der Tiefgarage ausruhen, während sich die Fahrer an der gutbürgerlichen Kost stärken. Auch im schönen Motorrad-Hotel Sauerbrey in Osteroder Ortsteil Lerbach fühlen sich Biker wohl. In der Küche legt man besonderen Wert auf ein saisonales Angebot und regionale Spezialitäten.

Harzer Hof, Bahnhofstraße 26, 37520 Osterode am Harz, Tel. 055 22/505 50, www.hotel-harzer-hof.de €€

Hotel Sauerbrey, Friedrich-Ebert-Straße 129, 37520 Osterode-Lerbach, Tel. 055 22/509 30, www.hotel-sauerbrey.de €€

2
*6 km*
–

**Jetzt rechts Richtung Lerbach abbiegen, das Straßendorf durchfahren und 6 km bis zur Einmündung auf die B241.**

***Strecke:*** *Hinter Lerbach ein paar interessante Serpentinen bergan!*

**Camping-Tipp:** Ob mit oder ohne Zelt und Badehose im Gepäck: Ein Besuch des Lerbacher Campingplatzes am Waldschwimmbad lohnt sich auf jeden Fall. Zu der gepflegten Badeanlage gehört eine hübsche Zeltwiese, auf der man grillen oder auch nur gemütlich am Lagerfeuer sitzen und plaudern kann, sowie ein Restaurant im Harzer Stil.
Campingplatz und Gasthaus am Waldschwimmbad, An der Mühlwiese 6, 37520 Lerbach, Tel. 055 22/741 58, www.lerbach.de/camping-waldschwimmbad

3
*1 km*
B241

**Rechts auf die B241 Richtung Goslar auffahren, knapp 1 km bis zum Abzweig Richtung Zechenhaus hinter dem Parkplatz.**

***Strecke:*** *Kurzes Stück auf mehrspuriger Bundesstraße.*

**Info:** Vom Parkplatz linker Hand der Bundesstraße genießt man eine grandiose Fernsicht, die bei klarem Wetter von Osterode mit seinen charakteristischen Gipsbergen bis hin zum Hohen Meißner reicht.

Das »Motorraddorf« Lerbach ist ein idealer Ausgangspunkt für Touren durch den Oberharz.

4

*5 km*

–

## Links abbiegen und 5 km bis zur Einmündung auf die B242 fahren.

***Strecke:*** *Auf kleiner, einspuriger Straße durchs Obere Innerstetal; anschließend eine kurze Holperstrecke.*

**Info:** Im Innerstetal liegen etwas abseits der Straße der Prinzenteich sowie der Haderbacher und Hahnebalzer Teich – Orte der vollendeten Ruhe, in denen man obendrein an heißen Sommertagen auch sehr schön baden kann. Teiche dieser Art gibt es im Oberharz fast überall. Sie wurden zwischen dem 16. und 18. Jahrhundert künstlich angelegt, durch Gräben miteinander verbunden und dienten der Speicherung von Wasser für den Antrieb von Wasserrädern, die Energie für den Bergbau produzierten. Die Gesamtanlage der Teiche kennt man unter dem Namen »Oberharzer Wasserregal«, sie werden als Industriedenkmal durch die Harzwasserwerke erhalten.

Am Ende der Straße kann man am Hang gegenüber noch die Grundmauern der ehemaligen Clausthaler Bleihütte entdecken, die 1968 stillgelegt wurde und gewaltige Umweltschäden hinterließ. Das Innerstetal glich seinerzeit einer Mondlandschaft. Nur das zähe Heidekraut konnte gedeihen. Heute lässt sich die Verwüstung von vor rund 40 Jahren nur noch erahnen.

5
*19 km*
B242

## Jetzt links auf die B242 abbiegen, dann 19 km über Münchehof und Herrhausen bis nach Seesen.

***Strecke:*** *Schöne Bundesstraße. Nach 14 km folgt ein vierspuriger Abschnitt. Hier die erste Abfahrt nach Seesen nehmen.*

**Info:** Faszinierende Stalagmiten und Stalaktiten, durch Metallablagerungen in Farbe getaucht, kann man in der Iberger Tropfsteinhöhle in Bad Grund bewundern. Hier, 85 m unter der Erde, wird es nie wärmer als 8 Grad Celsius – im Sommer eine willkommene Abkühlung.

Nicht weit von der Tropfsteinhöhle, direkt an der B242, ragt der markante Hübichenstein rund 50 m in die Höhe. An seiner Spitze thront noch heute stolz eine Adlerskulptur. Der Vogel aus Bronze ist der Rest eines Denkmals, das hier Ende des 19. Jahrhunderts zu Ehren Kaiser Wilhelms I. errichtet wurde.

6
*10 km*
L516

## Im Zentrum Seesen rechts auf die L516 abbiegen und 10 km Richtung Lautenthal fahren.

***Strecke:*** *Angenehme Waldpartie ins Innerstetal – mit einigen schön zu fahrenden Kurven.*

Zu Kaisers Ehren mit einem Adler verziert: der Hübichenstein bei Bad Grund.

7
*8 km*
L516

**Vor Lautenthal rechts und 1 km in den Ort hinein fahren, dann links auf die Hahnenkleer Straße (L516) und 7 km bis Kreuzeck.**

***Strecke:*** *Spannende Kurvenstrecke namens »Schwarze Katz«.*

**Info:** Sind wir denn plötzlich in Norwegen? Das lässt zumindest die 1907–1908 errichtete Gustav-Adolf-Stabkirche in Hahnenklee vermuten. Es handelt sich natürlich um einen Nachbau. Das Original, eines der ältesten Holzgebäude Europas, steht im norwegischen Borgund.

**Hotel-Tipp:** Wer hier Quartier sucht: In Hahnenklee liegt die gemütliche und motorradfreundliche Pension Schubert, die abgespannten Bikern sogar einen kleinen Wellness-Bereich bietet.
Pension Schubert, Parkstraße 28, 38644 Hahnenklee, Tel. 053 25/52 85 90, www.pension-schubert.de €

8
*14 km*
B241

**An der Einmündung auf die B241 bei Kreuzeck links und der Bundesstraße 14 km bis Goslar und um die Altstadt herum folgen.**

***Strecke:*** *Noch eine Traumetappe mit vielen tollen Kurven. Die Überholverbote sollte man unbedingt beachten!*

## Tipp: Lautenthals Glück

**Info:** Sehenswert ist die historische Silbergrube Lautenthals Glück. Mit dem Grubenzug geht es hinab unter die Erde. Faszinierend ist die 266 m tief gelegene St.-Barbara-Kapelle.

Niedersächsisches Bergbaumuseum, Wildemannerstraße 11–21, 38685 Lautenthal, Tel. 053 25/44 90, www.lautenthals-glueck.de

Skandinavisches Flair: die Stabkirche in Hahnenklee.

9

*3 km*

B498

**Nach Umfahrung der Goslarer Altstadt rechts auf die Okerstraße, dann erneut rechts halten und 3 km auf der B498 bis Oker.**

**Info:** In Goslar sollte man einen Bummel einplanen. Die rund 1 000 Jahre alte Stadt besticht durch ihr einmaliges Stadtbild mit prachtvollen Fachwerkfassaden. Am viel besuchten Marktplatz stehen das gotische Rathaus (1450) und das Gildehaus der Tuchmacher mit seinen acht hölzernen Kaiserfiguren. Berühmt ist Goslar auch als mittelalterlicher Sitz deutscher Kaiser, die in der heute wieder hergerichteten romanischen Pfalz residierten (www.goslar.de).

Kaiserpfalz Goslar, Kaiserbleek 6, 38640 Goslar, Tel. 053 21/311 96 93 (Kasse), Apr.–Okt. Mo–So 10–17 Uhr, Nov.–März Mo–So 10–16 Uhr.

Das Rammelsberger Bergwerk in Goslar war fast 1 000 Jahre in Betrieb und hat gemeinsam mit der Goslarer Altstadt den Rang eines UNESCO-Weltkulturerbes. Es zählt zu den bedeutendsten Industriedenkmälern Deutschlands. Im Mittelalter trugen die hier geförderten Silbervorkommen wesentlich zum Aufstieg Goslars bei. Heute kann das stillgelegte Bergwerk mit dem besonders eindrucksvollen Roeder-Stollen und seinen gewaltigen Wasserrädern besichtigt werden.

Museum und Besucherbergwerk, Bergtal 19, 38640 Goslar, Tel. 053 21/75 00, www.rammelsberg.de, Mo–So 9–18 Uhr.

Einst Stützpunkt der Herrscher des Heiligen Römischen Reiches: die Kaiserpfalz in Goslar.

10
*15 km*
B498

## In Oker rechts der B498 folgen und 15 km bis nach Altenau fahren.

***Strecke:*** *Fahrt durch das wunderschöne Okertal und an der gleichnamigen Talsperre entlang.*

**Info:** Das Okertal eignet sich hervorragend für Outdoor-Aktivitäten, vom Kanufahren und Klettern bis zum sportlichen Motorradfahren. Granitfelsen, im Harz »Klippen« genannt, der künstlich angelegte Romkerhaller Wasserfall und der Okerstausee prägen die Landschaft.

11
*8 km*
L504

## In Altenau am Markt links abbiegen und 8 km auf der L504 bis zur B4 in Torfhaus fahren.

***Strecke:*** *Spannende Etappe auf aussichtsreicher Bergstrecke, der sogenannten »Steile-Wand-Straße«.*

TOP TIPP **Event-Tipp:** Wegen neuer Bauten nicht mehr ganz so kultig wie früher, aber immer noch eine Pflichtstation: der Motorradtreff Torfhaus, links gegenüber der Einmündung auf die B4. Vor allem am Wochenende heulen hier die Motoren und es steppt der Bär. Nicht zuletzt hat man vom Parkplatz einen tollen Blick zum Brocken.

### Tipp: Goethewanderweg

**Info:** Der gut ausgebaute Aufstieg auf den 1142 m hohen Brocken von Torfhaus folgt den Spuren Johann Wolfgang von Goethes. Goethe nahm den Brocken zum Vorbild für den Blocksberg in seinem Faust und ließ hier oben die Hexen tanzen. Auf dem Brocken herrschen sibirische Wetterbedingungen, an 200 Tagen im Jahr ist er von Nebel verhüllt. Wenn aber die Sonne scheint, ist es hier am Berg schöner als an der Costa Blanca. Vom Parkplatz Torfhaus sind 350 Höhenmeter zu überwinden, in Motorradstiefeln ein Marsch von vier Stunden. Dafür ist die Aussicht einfach grandios, mehrere Wirtshäuser bieten Labsal an, sogar ein Hotel gibt es. Im Brockenhaus informiert man sich über die einzigartige Natur des Berges.

12
*12 km*
B4

## In Torfhaus rechts auf die B4 auffahren und der Bundesstraße 12 km Richtung Braunlage folgen.

***Strecke:*** *Ausgebaute Bundesstraße, teilweise vierspurig.*

**Hotel-Tipp:** Das einfache, angenehme Hotel Teutonia in Braunlage ist in einer schönen Jugendstilvilla mit Terrasse und Grillplatz untergebracht. Für die Bikes gibt es eine abschließbare Garage.

Hotel Teutonia, Ramsenweg 4, 38700 Braunlage, Tel. 055 20/99 98 91, www.hotel-teutonia.de €

13
*4 km*
B27

## Auf Höhe Braunlage rechts von der B4 abfahren und rechts auf die B27 Richtung Bad Lauterberg abbiegen, dann 3 km bis Oderhaus.

***Strecke:*** *Flotte Teilstrecke ins Odertal.*

14
*6 km*
L519

## Jetzt rechts auf die L519 abbiegen und 6 km bis St. Andreasberg fahren.

***Strecke:*** *Eine rasante Kurvenpartie erwartet uns in dieser Etappe!*

Flotte Fahrt zu Füßen des Brocken.

15

*6 km*

L519

## In St. Andreasberg rechts und – weiterhin auf der L519 – 6 km bis nach Sonnenberg.

***Strecke:*** *Aussichtsreiche Strecke über den Rehberg (893 m).*

**Info:** Idyllisch zwischen Wiesen und Wäldern liegt die alte Silberstadt St. Andreasberg. Noch heute zieren die schmucken einstigen Wohnhäuser der Bergleute den Ortskern (www.sankt-andreasberg.com).

Vom Parkplatz in Sonnenberg kann man auf Bohlenstegen ins Sonnenberger Moor spazieren. Es entstand vor etwa 4 000 Jahren und an einigen Stellen ist die Torfschicht auf mehr als 5 m Stärke angewachsen. Das Moor bietet seltenen Arten wie Wollgras, Sonnentau sowie der Alpen-Smaragdlibelle einen idealen Lebensraum.

**Restaurant- und Hotel-Tipps:** Im Hotel Rehberg in St. Andreasberg gibt es Biker-Sonderangebote, Garagen, einen Trockenraum und Tourentipps. Im Restaurant serviert man Balkanspezialitäten. Am Ortsrand von St. Andreasberg in Waldnähe liegt das Hotel Vier Jahreszeiten. Parkplatz und Zweiradgarage sind vorhanden und gratis.

Hotel garni Vier Jahreszeiten, Quellenweg 3, 37444 St. Andreasberg, Tel. 055 82/521, www.vier-jahreszeiten-harz.de €€

Hotel Rehberg, Clausthaler Straße 4, 37444 St. Andreasberg, Tel. 055 82/10 09, www.rehberg-hotel.de €

16
*8 km*
B242

## In Sonnenberg links auf die B242 abbiegen und 8 km Richtung Clausthal-Zellerfeld.

***Strecke:*** *Schnell fahrbare Bundesstraße mit tollen Aussichten.*

**Info:** Eine besonders schöne Aussicht auf den Westharz genießt man vom Stieglitzeck zwischen Sonnenberg und Dammhaus. Von hier lohnt sich auch die einfache Wanderung (7 km) durch den Nationalpark Harz zum Wanderheim Hanskühnenburg. Mit etwas Glück kann man Auerhähne balzen hören oder sogar Luchse beobachten.

17
*16 km*
B498

## Hinter Dammhaus links abbiegen und 16 km auf der B498 zurück nach Osterode fahren.

***Strecke:*** *Landschaftlich reizvolle Fahrt durch das Sösetal am Sösestausee vorbei.*

**Info:** In der kleinen, liebevoll betreuten Wildvogelstation am Sösestausee vor Osterode kann man heimische Wildvögel ganz aus der Nähe betrachten. Attraktion des Geheges ist ein zahmer Waldkauz, der dem Besitzer auf die Hand fliegt. In Höhe des Forsthauses Sösetal an der B498 ausgeschildert. Vom Waldparkplatz sind es 600 m zu Fuß.

E Vogelstation Osterode, Sösetalsperre, 37520 Osterode, Apr.–Okt. Mo–So 10–18 Uhr.

Das kleine Flüsschen Söse schlängelt sich durch Osterode am Harz.

### Tipp: Landgasthof Sindram

**Restaurant-Tipp:** Frische, traditionelle Gerichte aus der Region werden im Landgasthof Sindram in Uehrde, südwestlich von Osterode, auf den Teller gezaubert. Spezialität des Hauses sind die Pfannengerichte in vielen Variationen. Im Sommer speist man draußen auf der Terrasse, im Winter in der urig-gemütlichen Gaststube.

Landgasthof Sindram, Uehrde 22, 37520 Osterode am Harz, Tel. 055 22/67 18, www.landgasthof-sindram.de, Mo+Di Ruhetag.

5

# Hexentanz und Teufelsritt

## Durch den Ostharz

Ⓐ **Ausgangsort**
Halberstadt (D-38820)

Ⓔ **Zielort**
Halberstadt (D-38820)

176 km ★★★★★ ★★★★

**Straßentypen** (in Prozent der Streckenlänge)

| Landstraße/asphaltierte Nebenstraße | Bundesstraße/Schnellstraße |
|---|---|
| 50 | 50 |

Diese Tour können Sie mit Route 4 kombinieren.

**Halberstadt Information**
Hinter dem Rathause 6
D-38820 Halberstadt
Tel. 039 41/55 18 15
halberstadt-info@halberstadt.de
www.halberstadt.de

(➔ *weitere Adressen siehe Seite 186*)

**Die großartige Landschaft des östlichen Harz bietet allerlei Uriges und reichlich Geheimnisvolles. Starten wir also die Motoren und lassen uns von alten Dampfrössern, feurigen Kurven, dem einmaligen Bodetal, der gigantischen Teufelsmauer und dem Hexentanzplatz beeindrucken. Auf zumeist gut ausgebauten Straßen genießen Tourer wie Sportler ganz großes Bikerglück. Denn selbst auf den Bundesstraßen kommt richtig Fahrspaß auf.**

Route 5
DEUTSCHLAND
Goslar
Magdeburg
Hamm
Leipzig
Erfurt
Frankfurt
Mainz
Bamberg
TSCHECH. REP.
Halberstadt
Sachsen-Anhalt
B81
B79
Hoppelberg
308
B6
L85
Wernigerode
Ilse
Heimburg
B244
K1347
L100
B4
Torfhaus
Brocken
1142
Brockenbahn
Schaubergwerk Büchenberg
Elbingerode
Drei Annen Hohne
Schierke
Großer Hornberg
537
Schaubergwerk Drei Kronen & Ehrt
Naturpark
Harz
B27
Blankenburg (Harz)
Quedlinburg
Seweckenberge
215
Weddersleben
Teufelsmauer
Neinstedt
L92
Thale
Rosstrappe
Top Tipp
Hexentanzplatz
Bad Suderode
Gernrode
L241
L242
Ballenstedt
Bode
Selke
Niedersachsen
Rehberg
893
Elend
K1353
Braunlage
Warme Bode
Rappbodetalsperre
B81
Treseburg
L93
L239
Friedrichsbrunn
Viktorshöhe
582
B185
Selkemühle
Burg Falkenstein
Mägdesprung
Sorge
B242
Hasselfelde
L95
Allrode
Hohegeiß
Harzhochstraße
546
Leckenkopf
Sophienhof
Rothesütte
Eisfelder Talmühle
Friedrichshöhe
Alexisbad
Harzgerode
Leine
L236
Naturresort Schindelbruch
Thüringen
N
Route
5 km

## Tour-Stationen auf einen Blick

**Tourlänge:** 176 km

| Nr. | Ort | PLZ | GPS-Koordinaten |
|---|---|---|---|
| A | Halberstadt | D-38820 | N 51 53.343 E 11 02.286 |
| 03 | Heimburg | D-38889 | N 51 49.431 E 10 54.598 |
| 05 | Elbingerode | D-38889 | N 51 46.177 E 10 48.189 |
| 06 | Drei Annen Hohne | D-38855 | N 51 46.290 E 10 43.746 |
| 07 | Elend | D-38875 | N 51 44.670 E 10 41.129 |
| 08 | Sorge | D-38875 | N 51 41.875 E 10 41.153 |
| 09 | Kreuzung B4 | - | N 51 41.786 E 10 39.722 |
| 10 | Rothesütte | D-38700 | N 51 37.989 E 10 43.380 |
| 11 | Eisfelder Talmühle | D-99768 | N 51 37.372 E 10 48.849 |
| 12 | Hasselfelde | D-38899 | N 51 41.392 E 10 51.381 |

| Nr. | Ort | PLZ | GPS-Koordinaten |
|---|---|---|---|
| 13 | Harzgerode | D-06493 | N 51 38.679 E 11 06.538 |
| 14 | Ballenstedt | D-06493 | N 51 43.398 E 11 12.805 |
| 15 | Gernrode | D-06507 | N 51 43.609 E 11 08.709 |
| 16 | Bad Suderode | D-06507 | N 51 43.926 E 11 07.516 |
| 17 | Allrode | D-06507 | N 51 40.750 E 10 58.112 |
| 18 | Treseburg | D-38889 | N 51 44.038 E 10 59.058 |
| 20 | Thale | D-06502 | N 51 45.229 E 11 02.791 |
| 21 | Neinstedt | D-06502 | N 51 45.044 E 11 05.157 |
| 22 | Quedlinburg | D-06484 | N 51 47.867 E 11 08.240 |
| E | Halberstadt | D-38820 | N 51 53.343 E 11 02.286 |

Die Tabelle enthält die wichtigsten Stationen der Route – ggf. wurden Orte weggelassen oder zur exakteren Navigation ergänzt; Referenzsystem der GPS-Koordinaten: WGS84

**1**
*12 km*
B81

## Halberstadt auf der B81 Richtung Wernigerode verlassen und 12 km bis zur B6 fahren.

***Strecke:*** *Spritziger Auftakt in Richtung Harz.*

**Info:** Den Titel »Tor zum Harz« beanspruchen zwar auch andere Städte am Rand des sagenumwobenen Mittelgebirges, aber Halberstadt bietet sich als Startpunkt für Touren in den Ostharz wirklich an. Auf keinen Fall versäumen darf man einen Blick in den Dom, eine der schönsten gotischen Kathedralen Deutschlands, und auf den Domschatz.

Dom St. Stephanus und St. Sixtus, Domplatz, 38820 Halberstadt, Tel. 039 41/242 37, www.dom-und-domschatz.de, Apr.–Okt. Mo–Fr 10–17.30 Uhr, Sa 9–18 Uhr, So 11–17.30 Uhr, Domschatz montags geschlossen.

**Hotel-Tipp:** Das hübsche MotoRoute-Hotel Abtshof liegt in einem Fachwerkhaus mitten in der Altstadt von Halberstadt.

MotoRoute-Hotel Abtshof, Abtshof 27a, 38820 Halberstadt, Tel. 039 41/688 30, www.abtshof-halberstadt.de €€

**2**
*1 km*
L85

## Geradeaus unter der vierspurigen B6 hindurch, dann 1 km auf der L85 Richtung Elbingerode bis nach Heimburg.

## A Wernigerode

**Info:** Nur wenige Kilometer abseits der Route und über die L85 oder B6 gut zu erreichen liegt die »bunte Stadt am Harz«, wie sie einst vom Heimatdichter Hermann Löns getauft wurde. Ein Urteil, das sich mit Blick auf die farbenfrohen Häuser des Städtchens bestätigt. Sie scharen sich um das berühmte Rathaus mit den beiden vorgesetzten Erkern, die sich zu spitzen Türmchen verjüngen. In den Cafés am Marktplatz kann man gut verweilen.

**Hotel-Tipp:** Das moderne Hotel Wernigerode am Stadtrand bietet einen hinreißenden Blick auf den Brocken und auf Wernigerode. Gratis-Unterstellmöglichkeit vorhanden.

Hotel Stadt Wernigerode, Langer Stieg 62, 38855 Wernigerode, Tel. 039 43/630 70, www.hotel-stadt-wernigerode.de €€

3
*10 km*
K1347

**In Heimburg links auf die K1347 Richtung Elbingerode abbiegen und der Straße 10 km bis zur Einmündung auf die B244 folgen.**

***Strecke:*** *Schöne Passage durch den Wald, aber häufig Rollsplitt.*

4
*2 km*
B244

**Jetzt an der B244 kurz hinter dem Schaubergwerk Büchenberg links abbiegen und 2 km nach Elbingerode hineinfahren.**

**Info:** In gleich zwei Schaubergwerken kann man sich nahe Elbingerode über die Erzförderung und die einst harte Bergmannsarbeit in der Region informieren. Bunkerlader, Streckenlader und andere bergbautechnische Geräte können im Bergwerk Drei Kronen & Ehrt nicht nur als Exponate, sondern unter Tage in laufendem Betrieb besichtigt werden. Das Schaubergwerk Büchenberg ist bekannt für seinen sogenannten Geologischen Aufschluss, der sehr schön zeigt, aus welchen Gesteinsschichten sich der Gebirgsstock hier zusammensetzt.

Besucherbergwerk Drei Kronen & Ehrt, Mühlental 13, 38875 Elbingerode, Tel. 03 94 54/429 10, www.dreikronenundehrt.de, Führungen Mai–Okt. 10, 11, 13, 15 und 16 Uhr, Nov.–Apr. 10, 11, 13 und 15 Uhr.

Schaubergwerk Büchenberg, Büchenberg 2, 38875 Elbingerode, Tel. 03 94 54/422 00, www.schaubergwerk-elbingerode.de, Führungen Jan.–Dez. 10, 12, 14 und 16 Uhr.

Auf Entdeckungsreise unter Tage.

5
*6 km*
B27
–

In Elbingerode rechts auf die B27, nach 0,5 km erneut rechts abbiegen und 5,5 km bis nach Drei Annen Hohne fahren.

***Strecke:*** *Flotte Waldstrecke mit wenig Verkehr.*

6
*7 km*
L100

Am Bahnhof Drei Annen Hohne links auf die L100, dann 7 km an Schierke vorbei bis nach Elend.

***Strecke:*** *Kurvenreiche und schmale Straße zu Füßen des Brockens.*

**Info:** Am Bahnhof Drei Annen Hohne auf 540 m Höhe sind fast immer dampfende Stahlrösser der Harzer Schmalspurbahnen anzutreffen. Die Brockenbahn zockelt sogar über Schierke bis zum 1 142 m hohen Brocken hinauf und bietet dabei ein ganz besonderes Erlebnis, das allerdings nicht ganz billig ist. Die steile Fahrt hinauf zum Brockenbahnhof dauert ab Drei Annen Hohne circa 50 Minuten und bietet fantastische Blicke über den Harz. Bis 1987 verkehrten auch noch Güterzüge auf den Gleisen der Brockenbahn. Sie versorgten die Grenztruppen der DDR sowie damals am Brocken stationierte sowjetische Soldaten mit Baumaterialien und Rohstoffen (www.hsb-wr.de).

Mit der Dampflok geht es von Drei Annen Hohne hinauf bis zum Brockengipfel.

**7**
*7 km*
B27
K1353

**In Elend am Kreisel die 1. Ausfahrt auf die B27 nehmen. Der Straße 1 km in Richtung Braunlage folgen, dann links 6 km auf der K1353 bis Sorge.**

***Strecke:*** *Teilweise entlang der Gleise der Harzer Schmalspurbahn.*

**Info:** Die befremdlichen Ortsnamen Elend und Sorge stammen aus längst vergangenen Tagen und erinnern an die bittere Armut, in der viele Menschen seinerzeit im Harz leben mussten.

**8**
*2 km*
B242

**Vor Sorge rechts auf die B242 und 2 km bis zur Auffahrt auf die B4 fahren.**

**9**
*12 km*
B4

**Hier links auf die B4 Richtung Hohegeiß und der Bundesstraße 12 km bis Rothesütte folgen.**

***Strecke:*** *Angenehm zu fahrende Bundesstraße mit schönen Kurven, aber neuerdings leider mit Geschwindigkeitsbegrenzung für Motorräder.*

**Info:** In Hohegeiß überquert man unmerklich die alte innerdeutsche Grenze. Nach einem kurzen Schlenker durch den niedersächsischen Harz ist man in dem kleinen Thüringer Zipfel des Harzes unterwegs.

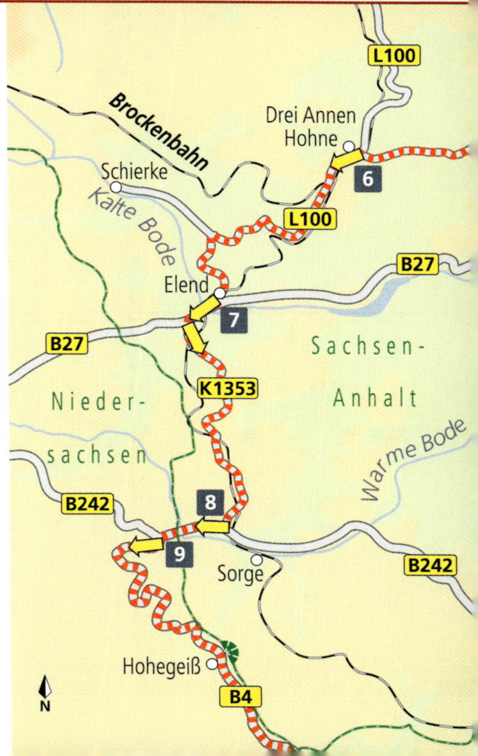

10
7 km
–

In Rothesütte links abbiegen und 7 km über Sophienhof bis zur Einmündung auf die B81.

***Strecke:*** *Sehr schöner »Schleichweg« – einspurige, aber geteerte Straße.*

**Restaurant- und Hotel-Tipp:** Eine gute Einkehradresse ist der Gasthof Brauner Hirsch im Örtchen Sophienhof. Wildgerichte dominieren die Speisekarte des Restaurants. Im Sommer kann man es sich auch draußen auf der Terrasse schmecken lassen. Wer nach deftiger Hauptspeise noch Lust auf ein Dessert hat, bestellt einfach im angeschlossenen Eiscafé einen Eisbecher oder hausgemachten Kuchen. Die Preise sind moderat, übernachten kann man in einfachen Gästezimmern. Parkmöglichkeit direkt vor dem Haus.

Brauner Hirsch, Dorfstraße 42, 99768 Sophienhof, Tel. 03 63 31/481 44, www.braunerhirsch-sophienhof.de €

11
10 km
B81

An der Einmündung an der Eisfelder Talmühle links auf die B81 abbiegen und der Bundesstraße 10 km bis Hasselfelde folgen.

***Strecke:*** *Landschaftlich reizvolle Strecke durch den Unterharzer Wald.*

Über die Hochfläche des Ostharzes.

12
*23 km*
B242

## In Hasselfelde rechts auf die B242 abbiegen, dann 23 km Richtung Harzgerode.

***Strecke:*** *Man folgt nun stets der wundervollen Harzhochstraße.*

**Info:** Die Hochfläche des sogenannten Unterharzes präsentiert sich relativ eben und verliert nur langsam an Höhe. Bäume und Wälder finden sich hier eher selten, bei gutem Wetter kann man so meist eine weite Fernsicht genießen.

**Restaurant- und Hotel-Tipp:** Entspannen können Motorradfahrer im exklusiven Naturresort Schindelbruch in Stolberg-Auerbach, nur 9 km südlich der Harzhochstraße (bei Friedrichshöhe rechts auf die L236). Gesundheit, Natur und Wellness stehen bei dem schönen, ökologisch konzipierten Hotel und seinen Restaurants im Mittelpunkt.
Naturresort Schindelbruch, Schindelbruch 1, 06547 Stolberg, Tel. 03 46 54/80 80, www.schindelbruch.de €€€

13
*14 km*
B185

## Vor Harzgerode links auf die B185, der Bundesstraße 14 km über Alexisbad und Mägdesprung bis nach Ballenstedt folgen.

***Strecke:*** *Anfangs sehr schmale, windungsreiche Straße durch das hier enge und dunkle Tal der Selke, später wird die Strecke dann freier.*

### A Burg Falkenstein

**Info:** Burg Falkenstein über dem Selketal zählt zu den schönsten und wehrhaftesten Burgen des Harzes. Die dreiflügelige Anlage mit sieben Toren entstand im 12. Jahrhundert und wurde nie erstürmt. Zur Burg gehören ein Museum, eine Falknerei mit Flugschau und eine Gaststätte. Von Mägdesprung führt eine Stichstraße zur Selkemühle. Vom Gasthaus wandert man durch das Selketal zur 7 km entfernten Burg. Wesentlich kürzer (1,5 km) ist der Weg vom Parkplatz Gartenhaus 8 km südöstlich von Ballenstedt.

**Restaurant- und Hotel-Tipp:** Die Ausflugsgaststätte Selkemühle mit Gästezimmern im reizvollen Selketal ist mit dem Bike zu erreichen.
Selkemühle, 06493 Selketal, Tel. 03 94 84/23 41, www.selkemuehle.de €

14
*5 km*
L242

Vor Ballenstedt an der Einmündung auf die Quedlinburger Straße links auf die L242, bis Gernrode sind es 5 km.

**Info:** Von außen wirkt sie eher schmucklos und unscheinbar, doch die Stiftskirche St. Cyriakus in Gernrode ist eine der bedeutendsten romanischen Kirchen aus ottonischer Zeit in Deutschland. Seit ihrer Fertigstellung im Jahr 1014 blieb sie nahezu unverändert. Kostbarstes Kunstwerk der Kirche sind die farbenfrohen Fresken in der Apsis aus dem 13. Jahrhundert, sehenswert zudem die Krypta und die mit Stuckornamenten verzierte Nachbildung des Heiligen Grabes.

St. Cyriakus, Burgstraße 3, 06507 Gernrode, Tel. 03 94 85/275, Apr.–Okt. Mo–Sa 9–17 Uhr, So 12–17 Uhr, Nov.–März Mo–So 15–16 Uhr, www.stiftskirche-gernrode.de

15
*2 km*
L241

In Gernrode an der Walther-Rathenau-Straße rechts auf die L241 und 2 km bis nach Bad Suderode.

16
*14 km*
L239
L95

In Bad Suderode links in Richtung Friedrichsbrunn und 14 km auf der L239/L95 bis Allrode fahren.

*Strecke: Hübsche Strecke in den Nordharz hinein.*

Das Westwerk der romanischen Stiftskirche St.Cyriakus in Gernrode.

17
*10 km*
L93

**In Allrode rechts und sofort wieder rechts auf die L93, 10 km über Treseburg Richtung Blankenburg.**

***Strecke:*** *Fahrt durch das traumhafte Bodetal, teilweise enge Straße.*

**Info:** Im Bodetal erlebt man eine landschaftliche Szenerie, die für den Harz einmalig ist und den Alpen entliehen scheint. Unter mächtigen Felswänden aus knapp 200 Millionen Jahre altem Granit rauscht das Flüsschen Bode durch eine canyonähnliche Schlucht.

Der Blick von der Rosstrappe ins wilde Bodetal ist traumhaft und hat schon fast etwas Alpines.

18
*6 km*
–

**Hinter Treseburg auf freier Strecke im Wald rechts abbiegen und 6 km bis nach Thale fahren.**

TOP TIPP

**Info:** Ein echtes Highlight ist der kurze Abstecher zur Rosstrappe. Nur 15 Minuten Fußmarsch sind es vom Parkplatz bis zum Aussichtspunkt: Auf der anderen Seite des tief eingeschnittenen Bodetals, fast zum Greifen nahe, liegt der sagenumwobene Hexentanzplatz. Hier sollen sich einst in der Walpurgisnacht die Geliebten des Teufels zum Besenritt auf den Brocken getroffen haben.

**Restaurant- und Hotel-Tipp:** Das Berghotel Rosstrappe krönt seine unvergleichliche Lage mit einem schönen Biergarten.

Berghotel Rosstrappe, Rosstrappe 1, 06502 Thale, Tel. 039 47/30 11, www.rosstrappe-berghotel.de €€

19
*2 km*
L92

In Thale links in die Brückenstraße. Nach 0,5 km rechts und auf der Karlstraße 0,5 km bis zur Blankenburger Straße (L92) fahren. Hier rechts und 1 km bis zum Kreisel hinter der Bodebrücke.

20
*3 km*
L92

Am Kreisel die 4. Ausfahrt nehmen und 3 km auf der L92 bis nach Neinstedt fahren.

**Info:** Zwischen Blankenburg und Thale reckt die Teufelsmauer ihre wilden Zacken herausfordernd in den Himmel. Die Felswand soll der Sage nach entstanden sein, als Gott und der Teufel sich auf die Aufteilung des Harzes einigten. Dem Abkommen nach sollte dem Teufel all jenes Land gehören, das er in einer Nacht bis zum ersten Hahnenschrei mit einer Mauer umgeben kann. In jener Nacht aber, als der Teufel sich ans Werk machte, begab sich eine alte Frau auf den Weg zum Markt, um ihren Hahn zu verkaufen. In der Dunkelheit stolperte sie, der Gockel erschrak und begann zu krähen – viel zu früh, und Luzifer ging leer aus. Von einem Parkplatz hinter Neinstedt führt ein kurzer Wanderweg direkt zu dem sehenswerten Felsenensemble.

## Tipp: Seilbahn Thale

**Info:** Lust auf ein Tänzchen auf dem Hexenplatz? Wem der Blick von der Rosstrappe hinüber zur Kultstätte noch nicht genug war, kann ab Thale mit der Seilbahn direkt hinauf zum Hexenplatz fahren. Das Hochplateau liegt auf einem rund 450 m hohen Felsen.

Seilbahnen Thale GmbH, Goetheweg 1, 06502 Thale, Tel. 039 47/25 00, www.thale-seilbahnen.de

Spaziergang zur bizarr geformten Teufelsmauer.

21
*6 km*
–

## In Neinstedt links in die Quedlinburger Straße abbiegen und 6 km über Weddersleben bis nach Quedlinburg fahren.

**Info:** Noch in Sichtweite der Teufelsmauer liegt Quedlinburg, dessen Altstadt man sich unbedingt ansehen sollte. Sie besticht durch liebevoll restaurierte Fachwerkhäuschen, schmale Gassen und das alles überragende Ensemble aus Schloss und Stiftskirche. Attraktion der romanischen Stiftskirche St. Servatius ist der weltberühmte Domschatz, der lange als verschollen galt. Ein US-Leutnant hatte ihn nach dem Krieg als Beute mitgenommen. Die Quedlinburger Altstadt zählt heute zum UNESCO-Weltkulturerbe. In den Cafés am großen Marktplatz kann man die entspannte Atmosphäre der Stadt zwischen Kultur und Lebensart am besten auskosten (www.quedlinburg.de).

22
*15 km*
B79

## In Quedlinburg links halten (auf der Wipertistraße bleiben), weiter in Richtung B6 fahren und 15 km auf der B79 zurück nach Halberstadt.

E

***Strecke:*** *Flotte Etappe retour zum Ausgangspunkt.*

Die altehrwürdige Stiftskirche St. Servatius.
Hier ruht der berühmte Quedlinburger Domschatz.

6

# Am Zauberberg

## Rund um den Kyffhäuser, Nordthüringen

# ROUTE 6

## Thüringen – Am Zauberberg

Ⓐ **Ausgangsort**
Kelbra (D-06537)

Ⓔ **Zielort**
Kelbra (D-06537)

54 km ★★★★ ★★★★

**Straßentypen** (in Prozent der Streckenlänge)

| Landstraße/asphaltierte Nebenstraße | Bundesstraße/Schnellstraße |
| --- | --- |
| 70 | 30 |

Diese Tour können Sie mit Route 7 kombinieren.

**Kyffhäuser-Information**
Anger 14
D-06567 Bad Frankenhausen
Tel. 03 46 71/717 16
info@kyffhaeuser-tourismus.de
www.kyffhaeuser-tourismus.de

(→ *weitere Adressen siehe Seite 186*)

Es ist eines der kleinsten Gebirge Deutschlands, trägt aber einen klangvollen Namen – der Kyffhäuser. Seinen Ruhm verdankt er Kaiser Barbarossa, der hier angeblich im Bergstock schlummert und vergeblich auf seine Rückkehr zu alter Größe harrt. Neben Sagen und bildschöner Landschaft hat der Kyffhäuser noch andere Überraschungen auf Lager, beispielsweise eine echte Bergrennstrecke und paradiesische Kurven auch für Nicht-Rennfahrer.

Route 6
DEUTSCHLAND
Magdeburg
Goslar
Hamm
Leipzig
Erfurt
Frankfurt
Bamberg
Mainz
TSCHECH. REP.
Helme
Auleben
Talsperre Kelbra
B85
Kelbra
Sachsen-Anhalt
Goldene Aue
L220
Top Tipp
Tilleda
Freilichtmuseum Königspfalz Tilleda
Kyffhäuser-Denkmal
474
Kulpenberg
L234
Stöckei
308
Badra
Thüringen
Königslehde
340
Kyffhäuser Gebirge
Naturpark
Steinthaleben
Rathsfeld
B85
Kyffhäuser
L1040
Zimmerberg
374
Windleite
K13
Barbarossahöhle
L1034
B4
Sondershausen
L2292
Bendeleben
Panorama Museum
L1172
Rottleben
Bad Frankenhausen
L1034
L1034
Flutgraben
Wipper
L2290
N
Route
2,5 km

## Tour-Stationen auf einen Blick

**Tourlänge:** 54 km

| Nr. | Ort | PLZ | GPS-Koordinaten |
|---|---|---|---|
| A | **Kelbra** | D-06537 | N 51 26.090 E 11 02.602 |
| 02 | **Kyffhäuser-Denkmal** | - | N 51 25.009 E 11 04.689 |
| 03 | **Bad Frankenhausen** | D-06567 | N 51 21.606 E 11 05.770 |
| 04 | **Rottleben** | D-06567 | N 51 21.767 E 11 02.812 |
| 05 | **Steinthaleben** | D-06567 | N 51 23.671 E 11 01.476 |
| 06 | **Bendeleben** | D-99706 | N 51 22.145 E 11 00.520 |
| 07 | **Sondershausen** | D-99706 | N 51 22.255 E 10 52.963 |
| E | **Kelbra** | D-06537 | N 51 26.090 E 11 02.602 |

Die Tabelle enthält die wichtigsten Stationen der Route – ggf. wurden Orte weggelassen oder zur exakteren Navigation ergänzt; Referenzsystem der GPS-Koordinaten: WGS84

1
*5 km*
B85

## Von Kelbra auf der B85 in Richtung Frankenhausen 5 km bis zum Abzweig Kyffhäuser-Denkmal fahren.

TOP TIPP *Strecke: Volle Schräglage auf der alten Bergrennstrecke. Gut ausgebaute Straße mit sauberem Belag. Überholverbot!*

**Info:** Am Scheitel des 477 m hohen Kyffhäusers zweigt rechts eine 2 km lange Stichstraße zum Kyffhäuser-Nationaldenkmal ab, das aus der Wilhelminischen Ära stammt. Der 81 m hohe Turm bietet einen grandiosen Ausblick auf die Goldene Aue und den Harz. Sehenswert ist auch die Ruine der ottonischen Burganlage.

Kyffhäuser-Denkmal, 06567 Steinthaleben, Tel. 03 46 51/27 80, www.kyffhaeuser-denkmal.de, Apr.–Okt. Mo–So 9.30–18 Uhr, Nov.–März Mo–So 10–17 Uhr.

**Event-Tipp:** Schon Hans Stuck und Rudolf Caracciola fuhren hier: Das historische Kyffhäuser Bergrennen im August zählt zu den schönsten, anspruchsvollsten Bergwertungen. Die 3,85 km lange Strecke mit 36 Kurven ist ein Teilstück der B85 (www.kyffhaeuser-motorsport.de).

2
*9 km*
B85

## Geradeaus weiter auf der B85 und der Bundesstraße 9 km bis Bad Frankenhausen folgen.

*Strecke: Über den Kyffhäuser und dann in vielen Kurven bergab.*

Klein, aber oho: Der Kyffhäuser eignet sich bestens für eine kurze, spritzige Motorradtour.

Kaiser Wilhelm I. und sein Vorbild Barbarossa sind am Kyffhäuser verewigt.

3
*4 km*
L1172

**In Bad Frankenhausen am Ortseingang rechts Richtung Sondershausen abbiegen und 4 km auf der L1172 bis nach Rottleben fahren.**

**Info:** Bad Frankenhausen ist ein beschaulicher Kurort am Südhang des Kyffhäusergebirges. Vermutlich schon im 9. Jahrhundert profitierte man hier von austretenden Solequellen, die zur Gewinnung von Salz genutzt wurden und Wohlstand brachten. 1525 kam es bei Frankenhausen zur entscheidenden Schlacht der Bauernkriege. Die schlecht ausgerüsteten Bauern wurden vernichtend geschlagen, ihr geistiger Anführer, der radikale Reformator Thomas Müntzer, hingerichtet.

Kunstinteressierte sollten das Panorama Museum Frankenhausen besuchen. Es zeigt das 123 m lange und 14 m hohe Monumentalgemälde »Frühbürgerliche Revolution in Deutschland« (1979–1987) des Leipziger Malers Werner Tübke. Im Zentrum des gigantischen Werks steht zwar die Schlacht, in vielen kleinen Szenen werden jedoch Machtstreben, Gier und Glauben zur Zeit der Reformation illustriert. Das Museum liegt außerhalb von Frankenhausen, ist aber gut ausgeschildert. In Richtung Artern fahren und am Ortsende links hoch.

Panorama Museum, Am Schlachtberg 9, 06567 Bad Frankenhausen, Tel. 03 46 71/61 90, www.panorama-museum.de, Apr.–Okt. Di–So 10–18 Uhr, Nov.–März Di–So 10–17 Uhr.

**4**
*5 km*
L2292

## In Rottleben an der abknickenden Vorfahrtstraße geradeaus in die Barbarossastraße und weiter geradeaus 5 km auf der L2292 bis Steinthaleben.

***Strecke:*** *Entlang der westlichen Kalkhänge des Kyffhäusers.*

**Info:** Auf halbem Weg zwischen Rottleben und Steinthaleben liegt die Barbarossahöhle, die 1865 von Bergleuten in den Kalkhängen des Kyffhäusers entdeckt wurde. Sie zählt zu den schönsten und größten Gipshöhlen der Welt mit bizarren Grotten und tiefgrünen Seen, in denen sich die ungewöhnlichen Deckenstrukturen spiegeln. Der Thron, auf dem der alte Kaiser schläft, während sein roter Bart durch den steinernen Tisch wächst, ist ein netter Jux für Touristen. Die Sage berichtet, Barbarossa wäre nicht auf seinem Kreuzzug ertrunken, sondern warte hier auf die Wiederkehr deutscher Einheit und Stärke.

Barbarossahöhle, Mühlen 6, 06567 Rottleben, Tel. 03 46 71/545 13, www.hoehle.de, Führungen Apr.–Okt. Mo–So 10–17 Uhr, Nov.–März Di–So 10–16 Uhr.

**5**
*4 km*
K13

## In Steinthaleben der Vorfahrtstraße bis zur Kreuzung folgen, hier links und 4 km auf der K13 bis nach Bendeleben fahren.

Touren zwischen Goldener Aue und Südharz.

6
*12 km*
L1034

**In Bendeleben rechts abbiegen und 12 km auf der L1034 bis nach Sondershausen fahren.**

***Strecke:*** *Kurvenfestival über den Höhenzug Windleite hinweg.*

7
*15 km*
L1040
L234

**In Sondershausen rechts abbiegen und 15 km auf der L1040/L234 über Badra zurück nach Kelbra.**

***Strecke:*** *Noch mehr Kurven wieder über die Windleite und die sich anschließende »Badraer Schweiz«.*

**Restaurant- und Hotel-Tipps:** Der Campingplatz Seecamping Südharz am Kelbra-Stausee erfreut sich bei Bikern großer Beliebtheit, nicht zuletzt wegen des Strandbades. Übernachten kann man alternativ in Hütten und Bungalows. Auch im Sachsenhof in Kelbra sind häufig Biker anzutreffen. Im Restaurant wird regionale Küche serviert.

Seecamping Kelbra, Lange Straße 150, 06537 Kelbra, Tel. 03 46 51/452 90, www.stausee-kelbra.de €

Landhotel Sachsenhof, Marktstraße 38, 06537 Kelbra, Tel. 03 46 51/41 40, www.sachsenhof.de €€

**Event-Tipp:** Zweitaktdunst liegt in der Luft beim Emmenrausch. Das MZ-Treffen mit ostalgischem Rahmenprogramm findet seit 2009 im September am Kelbra-Stausee statt (www.emmenrausch.de).

## A Königspfalz Tilleda

**Info:** Von Kelbra sind es nur 8 km bis zur Königspfalz Tilleda. Pfalzen waren die zeitweiligen Residenzen der mittelalterlichen Herrscher. Die Pfalz in Tilleda entstand bereits während der Regierungszeit Heinrichs I. (916–936) zur Festigung der Macht am Kyffhäuser. Auch Kaiser Barbarossa hielt sich in Tilleda auf. Später verlor die Pfalz ihre Bedeutung, die Holzbauten verfielen, und die Grundmauern wurden erst im 20. Jahrhundert wieder ausgegraben. Zu sehen sind die rekonstruierte Wallanlage der Haupt- und Vorburg. In den Wohn- und Wirtschaftsgebäuden erfährt der Besucher Wissenswertes über das Leben im Mittelalter.

Freilichtmuseum Königspfalz Tilleda, Schulstraße 4, 06537 Tilleda, Tel. 03 46 51/29 20, www.pfalz-tilleda.de, Apr.–Okt. Mo–So 10–18 Uhr.

# Stadt, Land, Fluss

## Entlang der Unstrut

7

Ⓐ **Ausgangsort**
Mühlhausen (D-99947)

Ⓔ **Zielort**
Naumburg (D-06618)

146 km ★★★ ★

**Straßentypen** (in Prozent der Streckenlänge)

| Landstraße/asphaltierte Nebenstraße | Bundesstraße/Schnellstraße |
|---|---|
| 40 | 60 |

Diese Tour können Sie mit Route 6 und 11 kombinieren.

**Die Flusslandfahrt entlang der Unstrut schlägt ein spannendes, wenn auch weniger bekanntes Geschichtenbuch auf. Wehrhafte Burgen und Städte zeugen von einer wechselvollen Historie. Die günstige Marschroute entlang des Flüsschens war oft umkämpft. Weniger zu kämpfen hat der heutige Motorradfahrer. Die Strecke ist angenehm leicht zu fahren, beim Cruisen kann man sich ganz auf das Landschafts- und Fahrerlebnis konzentrieren.**

**Tourist-Information Mühlhausen**
Ratsstraße 20
D-99974 Mühlhausen
Tel. 036 01/40 47 70
service@touristinfo-muehlhausen.de
www.muehlhausen.de

(→ *weitere Adressen siehe Seite 186*)

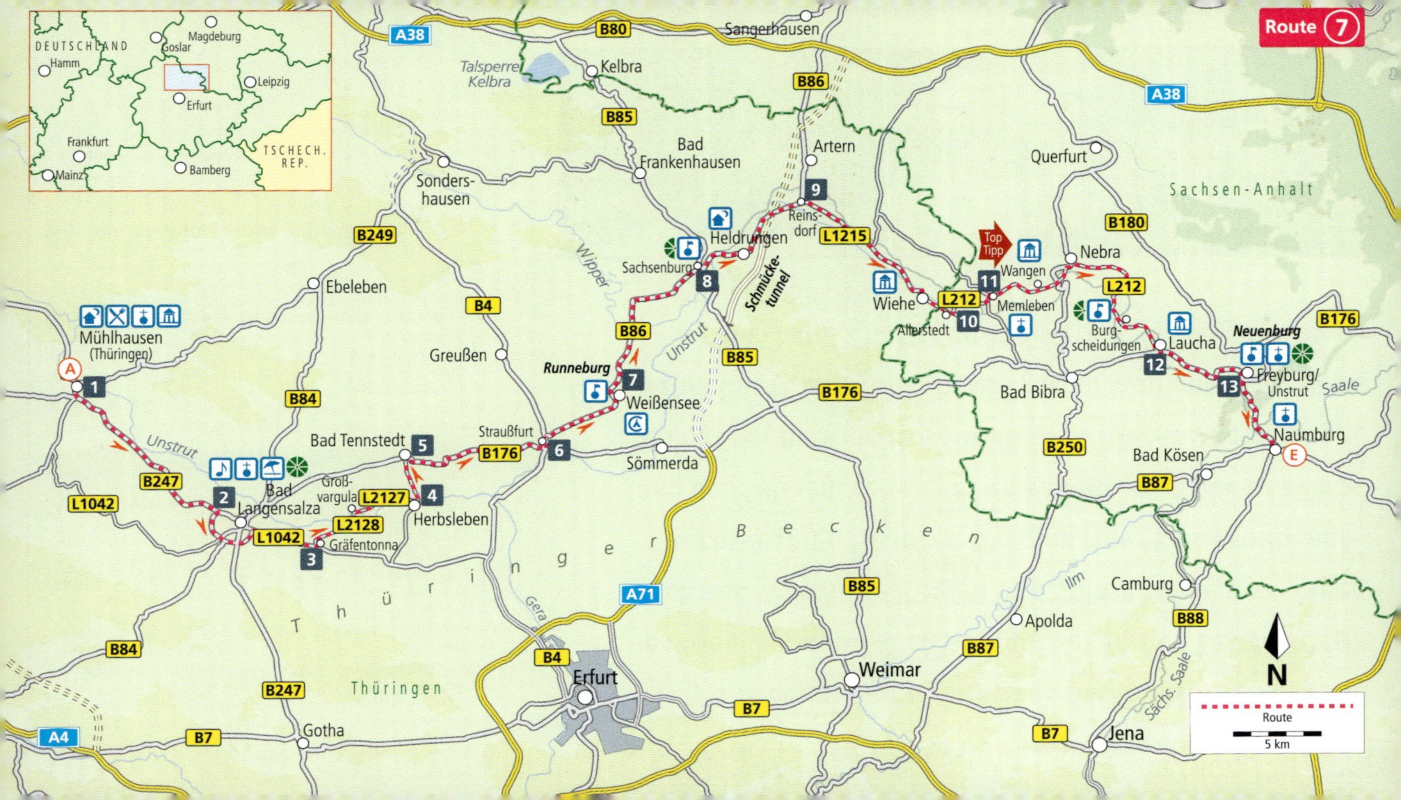
Route 7
DEUTSCHLAND
Hamm
Goslar
Magdeburg
Leipzig
Erfurt
Frankfurt
Mainz
Bamberg
TSCHECH. REP.
A38
B80
Sangerhausen
Talsperre Kelbra
Kelbra
B86
B85
Bad Frankenhausen
Artern
Querfurt
Sachsen-Anhalt
Sonders-hausen
B249
Heldrungen
Reins-dorf
L1215
Top Tipp
Wangen
Nebra
B180
Sachsenburg
Wipper
Schmücke-tunnel
Wiehe
L212
Memleben
Allerstedt
Burg-scheidungen
Laucha
Neuenburg
B176
Ebeleben
B4
Mühlhausen (Thüringen)
Greußen
Runneburg
Weißensee
Unstrut
Freyburg/ Unstrut
Saale
Bad Bibra
B84
Bad Tennstedt
Straußfurt
Sömmerda
B250
Naumburg
Bad Kösen
B247
Bad Langensalza
Groß-vargula
L2127
Herbsleben
L1042
L2128
Gräfentonna
B87
Thüringer Becken
A71
Gera
Ilm
Camburg
Apolda
B88
Thüringen
Erfurt
Weimar
Sächs. Saale
A4
B7
Gotha
Jena
N
Route
5 km
1
2
3
4
5
6
7
8
9
10
11
12
13
A
E

## Tour-Stationen auf einen Blick

**Tourlänge:** 146 km

| Nr. | Ort | PLZ | GPS-Koordinaten |
|---|---|---|---|
| (A) | Mühlhausen | D-99974 | N 51 12.401 E 10 27.918 |
| 02 | Bad Langensalza | D-99947 | N 51 05.994 E 10 40.853 |
| 03 | Gräfentonna | D-99958 | N 51 05.482 E 10 43.890 |
| 04 | Herbsleben | D-99955 | N 51 07.399 E 10 50.717 |
| 05 | Bad Tennstedt | D-99955 | N 51 09.346 E 10 49.922 |
| 06 | Straußfurt | D-99634 | N 51 09.670 E 10 59.319 |
| 07 | Weißensee | D-99631 | N 51 11.735 E 11 04.080 |
| 08 | Sachsenburg | D-06578 | N 51 17.476 E 11 09.944 |
| 09 | Reinsdorf | D-06556 | N 51 20.160 E 11 17.030 |
| 10 | Allerstedt | D-06642 | N 51 15.210 E 11 26.885 |
| 11 | Memleben | D-06642 | N 51 15.894 E 11 29.273 |
| - | Nebra | D-06642 | N 51 17.268 E 11 34.806 |
| 12 | Laucha | D-06636 | N 51 13.424 E 11 40.566 |
| 13 | Freyburg | D-06632 | N 51 12.146 E 11 46.180 |
| (E) | Naumburg | D-06618 | N 51 09.098 E 11 48.301 |

Die Tabelle enthält die wichtigsten Stationen der Route – ggf. wurden Orte weggelassen oder zur exakteren Navigation ergänzt; Referenzsystem der GPS-Koordinaten: WGS84

1
*16 km*
B247

## Von Mühlhausen 16 km auf der B247 bis nach Bad Langensalza fahren.

***Strecke:*** *Viel befahrene Bundesstraße, auf der man sich durch mehrere Ortschaften zwängen muss.*

**Info:** Mühlhausen umschließt mit seiner begehbaren Stadtbefestigung einen mittelalterlichen Stadtkern mit elf bedeutenden Kirchen. Die Stadt war Ende des 15. Jahrhunderts Wirkungsstätte des Reformators und Bauernkriegführers Thomas Müntzer. Das Bauernkriegsmuseum in der Kornmarktkirche hält die Erinnerung daran wach. Die Reformation ließ Mühlhausen zu einer bedeutenden Stätte protestantischer Kirchenmusik werden. Johann Sebastian Bach lebte von 1707–1708 in Mühlhausen und wirkte als Organist an der Divi-Blasii-Kirche.

Bauernkriegsmuseum, Kornmarkt, 99974 Mühlhausen, Tel. 036 01/40 46 84, www.muehlhaeuser-museen.de, Di–Fr 10–17 Uhr.

**Restaurant- und Hotel-Tipp:** In einem schön restaurierten Fachwerkhaus zwischen Stadtmauer und historischem Stadtzentrum Mühlhausen liegt der Mühlhäuser Hof. Motorräder finden auf dem hauseigenen, abschließbaren Parkplatz ein überdachtes Plätzchen. Das Hotel-Restaurant »Zum Nachbar« serviert Thüringer Spezialitäten.

Hotel Mühlhäuser Hof, Steinweg 65, 99974 Mühlhausen, Tel. 036 01/88 86 70, www.muehlhaeuser-hof.de €€

Eine von elf: die Petrikirche in Mühlhausen.

2
*11 km*
B247
L1042

## An der Abzweigung nach Bad Langensalza geradeaus, 11 km auf der Umgehungsstraße (B247) um die Stadt herum und weiter auf der L1042 in Richtung Erfurt bis Gräfentonna.

***Strecke:** Neue, schnelle Umfahrung der Kurstadt Langensalza.*

**Info:** In Bad Langensalza sollte man einen Boxenstopp einlegen. Das hübsche Landstädtchen begeistert mit einer Fachwerk-Altstadt und seinen schönen Themengärten, die sich entlang der weitgehend erhaltenen Stadtbefestigung aufreihen. Besonders sehenswert sind der Japanische Garten und der Rosengarten. Vom Turm der Marktkirche hat man einen wunderbaren Blick auf die Stadt und das Umland. Das »Bad« im Ortsnamen weist auf ein modernes Thermalbad hin, das von wohltuenden Salzquellen gespeist wird.

Friederiken Therme, Böhmenstraße 5, 99947 Bad Langensalza, Tel. 036 03/397 60, www.bad-langensalza.de, Mo–So 9–22 Uhr.

**Event-Tipp:** Immer am letzten Augustwochenende kehrt das Mittelalter nach Bad Langensalza zurück. Gaukler, Musiker und Marktleute, kämpfende Ritter und manchmal sogar Drachen bevölkern die Stadt und sorgen für Unterhaltung (www.bad-langensalza.de).

Fachwerk und Marktkirche in Bad Langensalza.

**3**
*11 km*
L2128
L2127

## In Gräfentonna an der Ampel links abbiegen, dann 11 km auf der L2128/L2127 bis Herbsleben fahren.

***Strecke:*** *Schmale Landstraße oberhalb des Unstruttals.*

**Info:** Von Großvargula, dem ersten Ort hinter Gräfentonna, kann man einen besonders urwüchsigen Teil des Unstruttals erkunden – allerdings nur zu Fuß, da das Unstruttal hier unter Naturschutz steht. Hinter der Unstrutbrücke in Großvargula geht es links ab. Besonders interessant ist dieser Spaziergang im April und Mai, wenn das so hübsche wie seltene Frühlings-Adonisröschen blüht.

**4**
*4 km*
L1027

## In Herbsleben links und 4 km auf der L1027 weiter bis Bad Tennstedt.

**5**
*12 km*
B176

## In Bad Tennstedt rechts auf die B176, der Bundesstraße durch den Ort in Richtung Sömmerda folgen und 12 km bis nach Straußfurt fahren.

***Strecke:*** *Ruhige Bundesstraße durch das einsame Thüringer Becken.*

Frühlings-Adonisröschen an der Unstrut.

6
*8 km*
B4
B86

In Straußfurt links auf die B4 in Richtung Sondershausen, nach 1 km am Ortsausgang rechts abbiegen und 7 km auf der B86 bis Weißensee fahren.

*Strecke: Geradeaus – und schnell.*

**Info:** Am großzügigen Marktplatz in Weißensee sollte man den Seitenständer ausklappen und das Rathaus sowie die Doppelkirche St. Peter und Paul besichtigen. Frei zugänglich ist der große, von alten Linden beschattete Burghof der Runneburg. Die Burg wurde im Jahre 1168 gegründet. Sie konnte nie erobert werden und ist heute eine der schönsten und besterhaltenen Burgen Thüringens.

Mit einer Ballonfahrt lässt sich die Landschaft Thüringens aus der Vogelperspektive erleben – ein Abenteuer. Startplätze sind Weißensee und Erfurt, meistens frühmorgens oder am Abend.

Ballonteam Reiche, Langer Damm 11, 99631 Weißensee, Tel. 03 63 74/205 81, www.ballonteam-reiche.de

**Camping-Tipp:** Der erschwingliche Campingplatz Weißensee liegt in der Nähe des Gondelteichs gegenüber der Altstadt von Weißensee. Wer ohne Zelt auf dem Gepäckträger unterwegs ist, kann auch zu günstigen Konditionen einen Bungalow mieten.

Campingplatz Weißensee, 99631 Weißensee, Tel. 03 63 74/369 36, www.campingplatz-weissensee.de €

Thüringen von oben: abheben in Weißensee.

7
*15 km*
B86

## In Weißensee geradeaus durch den Ort, der B86 weiter folgen und 15 km bis Sachsenburg.

***Strecke:*** *Fahrt in Richtung der jetzt deutlich erkennbaren Thüringer Pforte, einem Bergeinschnitt, durch den die Unstrut nach Norden fließt.*

**Info:** Die beiden Sachsenburgen oberhalb der Thüringer Pforte schützten Thüringen im Mittelalter vor Eindringlingen. Ein kurzer Anstieg führt von Sachsenburg zur ersten Ruine, die einen weiten Ausblick bietet. Die zweite Burg liegt etwas versteckter oberhalb.

8
*11 km*
B86

## Am Ortsende von Sachsenburg rechts und die Unstrut überqueren. Hinter der Brücke links in Richtung Artern und weiter auf der B86 über Heldrungen 11 km bis Reinsdorf fahren.

***Strecke:*** *Durch die Thüringer Pforte hindurch.*

**Hotel-Tipp:** Fürstlich nächtigen und das zu Jugendherbergspreisen kann man im Renaissance-Wasserschloss Heldrungen, das aus dem 16. Jahrhundert stammt. Herbergsausweis vor Ort erhältlich.
Jugendherberge Wasserburg Heldrungen, Schlossstraße 13, 06577 Heldrungen, Tel. 03 46 73/912 24 €

9
*16 km*
L1215

## In Reinsdorf rechts auf die L1215 abbiegen und der Straße 16 km über Wiehe bis nach Allerstedt folgen.

***Strecke:*** *Gerade Landstraße am Fuße des Gebirgszugs Hohe Schrecke.*

10
*4 km*
L212

## In Allerstedt links abbiegen, dann 4 km auf der L212 bis nach Memleben.

**Info:** In ottonischer Zeit waren Kaiserpfalz und Marienkirche in Memleben überaus bedeutend. Die mittelalterlichen Herrscher Otto I. und Heinrich I. sollen hier gestorben sein. Seit dem 17. Jahrhundert verfallen die Gebäude. Gut erhalten ist die dreischiffige Hallenkrypta.

TOP TIPP Die Arche Nebra in Wangen (zwischen Memleben und Nebra) dokumentiert den spektakulären Fund einer Bronzescheibe ganz in der Nähe. Die berühmte Himmelsscheibe von Nebra ist die älteste bekannte Himmelsdarstellung und ein einzigartiges Zeugnis bronzezeitlicher Kultur. Das Original befindet sich allerdings im Landesmuseum für Vorgeschichte in Halle (Saale).

Kloster und Kaiserpfalz Memleben, Thomas-Müntzer-Straße 48, 06642 Memleben, Tel. 03 46 72/602 74, www.kloster-memleben.de, Mo–So 9–18 Uhr.

Arche Nebra, An der Steinklöbe 16, 06642 Wangen, Tel. 03 44 61/255 20, www.himmelsscheibe-erleben.de, Apr.–Okt. Mo–So 10–18 Uhr, Nov.–März Di–Fr 10–16 Uhr, Sa+So 10–17 Uhr.

### Tipp: Modellbahn Wiehe

**Info:** Auf 12 000 m² in mehreren Hallen präsentiert die Modellbahn in Wiehe historische und moderne Eisenbahnstrecken, darunter beispielsweise die Strecke des Orientexpress von London nach Instanbul.

Modellbahn-Wiehe, Am Anger 19, 06571 Wiehe, Tel. 03 46 72/836 30, www.modellbahn-wiehe.de, Mo–So 10–18 Uhr.

Brennende Kerzen verleihen der Krypta in Memleben eine mystische Atmosphäre.

11

*22 km*

L212

## In Memleben erst links, dann gleich wieder rechts. Auf der L212 bleiben und 22 km über Nebra und Burgscheidungen bis Laucha fahren.

***Strecke:*** *Die Uferstraße folgt dem Lauf der Unstrut, die sich hier ein tief eingeschnittenes Flusstal gegraben hat.*

**Info:** Über Burgscheidungen thront ein barockes Lustschloss. Es liegt in einem terrassenförmig angelegten Garten. Der große Balkon mit Blick auf die ruhig dahinfließende Unstrut wird von grinsenden Steinhäuptern getragen. Der Park ist ganzjährig frei zugänglich.

Das Glockenmuseum in Laucha lohnt einen Kurzbesuch. Präsentiert werden die Geschichte sowie die Technik des Glockenbaus in der historischen Werkstatt des Glockengießermeisters Ulrich. Sie wurde 1732 gegründet und bis 1911 betrieben – in dieser Zeit wurden hier über 5 000 Bronzeglocken gegossen. Führungen nach Vereinbarung.

Schloss und Schlosspark Burgscheidungen, Schlossstraße, 06636 Burgscheidungen, www.gartentraeume-sachsen-anhalt.de

Glockenmuseum, Glockenmuseumsstraße 2, 06636 Laucha, Anmeldungen: Tel. 03 44 62/205 09 (Stadtverwaltung).

**Idylle fernab von Industrie und Großstadt: Schloss Burgscheidungen mit Balkon zur Unstrut.**

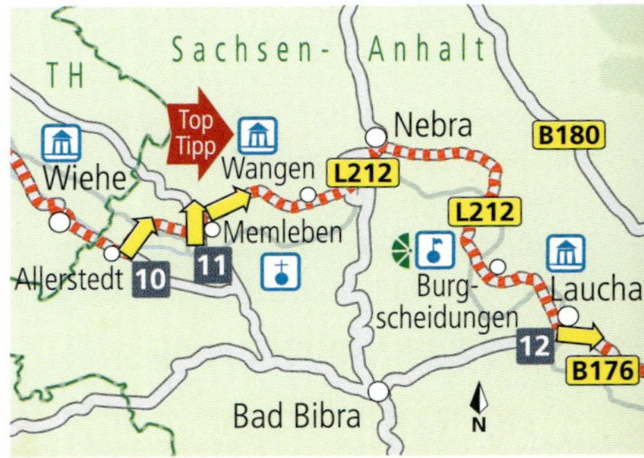

12
*8 km*
B176

## In Laucha links auf die Obere Hauptstraße (B176), dann der Bundesstraße 8 km bis Freyburg folgen.

***Strecke:*** *Die Ufer der Unstrut sind jetzt von steilen Weinhängen gesäumt.*

**Info:** Freyburg ist das Zentrum des Weinbaus an der Unstrut. Aus der Region stammt der berühmte Rotkäppchen-Sekt. Der ostdeutsche Schaumwein erfreut sich nach wie vor großer Beliebtheit.

Gut ausgeschildert ist die Anfahrt zur mächtigen Neuenburg oberhalb von Freyburg. Der Besuch lohnt sich wegen des Ausblicks vom Bergfried »Dicker Wilhelm« und der hochmittelalterlichen Doppelkapelle.
Schloss Neuenburg, Schloss 1, 06632 Freyburg (Unstrut), www.schloss-neuenburg.de, Apr.–Okt. Mo–So 10–18 Uhr, Nov.–März Di–So 10–18 Uhr.

13
*8 km*
B180

## Am Kreisverkehr hinter Freyburg die 1. Ausfahrt auf die B180 nehmen, bis Naumburg sind es noch 8 km.

**Info:** Der Dom St. Peter und Paul in Naumburg ist ein kulturhistorisches Monument ersten Ranges. Berühmt sind die Stifterfiguren im Inneren, die die Geldgeber des Bauwerks samt Gattinnen darstellen.
Naumburger Dom St. Peter und Paul, Domplatz 16/17, 06618 Naumburg, Tel. 034 45/23 01 10, www.naumburg-online.de, März–Okt. Mo–Sa 9-18 Uhr, So 12–18 Uhr; Nov.–Febr. Mo–Sa 10–16 Uhr, So 12–16 Uhr, Führungen stündlich.

E

Am Ziel: Naumburg und der prächtige Naumburger Dom grüßen zum Ende der Tour.

# 8 Thüringer Urwald

## Rund um den Nationalpark Hainich

Ⓐ **Ausgangsort**
Eisenach (D-99817)

Ⓔ **Zielort**
Eisenach (D-99817)

83 km ★★★★ ★★★

**Straßentypen** (in Prozent der Streckenlänge)

65 | 35

- Landstraße/asphaltierte Nebenstraße
- Bundesstraße/Schnellstraße

Diese Tour können Sie mit Route 9 und 10 kombinieren.

**Nationalpark Hainich**
Bei der Marktkirche 9
D-99947 Bad Langensalza
Tel. 036 03/390 70
NP_Hainich@forst.thueringen.de
www.nationalpark-hainich.de

(→ *weitere Adressen siehe Seite 187*)

Mitten im Herzen Deutschlands liegt ein ganz besonders urwüchsiges Fleckchen Erde, sozusagen die grüne Lunge des Landes Thüringen: der Nationalpark Hainich. Er umfasst den größten zusammenhängenden Buchenwald Mitteleuropas. Zwar kann man mit dem Motorrad nicht in den Nationalpark hinein-, aber sehr wohl um ihn herumfahren – und das auf atemberaubend schönen, nicht zu anspruchsvollen Straßen auf Tuchfühlung mit der Natur.

Route 8
DEUTSCHLAND
Hamm
Goslar
Magdeburg
Leipzig
Erfurt
Frankfurt
Mainz
Bamberg
TSCHECH. REP.
B249
L1016
Niederdorla
Langula
L2104
Talsperre Seebach
Gebrannter Kopf
452
Oppershausen
Flarchheim
Mülverstedt
B247
Bad Langensalza
Treffurt
Rabenkuppe
515
Landgasthof Probstei-Zella
Nazza
Weberstedt
L1042
Alterstedt
Frankenroda
Werra
Totenkopf
444
Top Tipp
Baumkronen-pfad
K515
Thiemsburg
B7
B250
Mihla
Nationalpark Hainich
L1017
Creuzburg
Brücken-kapelle
Craula
Alter Berg
494
B84
Hessen
Reichenbach
Tüngeda
Hütscheroda
Behringen
Lohberg
332
Herleshausen
E40
A4
Thüringen
Eisenach
Wartburg
B19
Hörsel
N
Route
5 km

## Tour-Stationen auf einen Blick

**Tourlänge:** 83 km

| Nr. | Ort | PLZ | GPS-Koordinaten |
|---|---|---|---|
| Ⓐ | Eisenach | D-99817 | N 50 58.624 E 10 20.193 |
| 02 | Behringen | D-99947 | N 51 01.245 E 10 30.532 |
| 03 | Reichenbach | D-99947 | N 51 02.639 E 10 32.032 |
| 04 | T-Kreuzung L1042 | - | N 51 05.459 E 10 33.748 |
| 05 | Weberstedt | D-99947 | N 51 06.700 E 10 31.844 |
| 06 | Mülverstedt | D-99947 | N 51 07.134 E 10 30.325 |
| 07 | Oppershausen | D-99986 | N 51 08.393 E 10 26.615 |
| 08 | Niederdorla | D-99986 | N 51 09.922 E 10 26.320 |
| 09 | Nazza | D-99826 | N 51 06.885 E 10 20.180 |
| 10 | Mihla | D-99826 | N 51 04.522 E 10 19.613 |
| 11 | Creuzburg | D-99831 | N 51 03.151 E 10 14.858 |
| Ⓔ | Eisenach | D-99817 | N 50 58.624 E 10 20.193 |

Die Tabelle enthält die wichtigsten Stationen der Route – ggf. wurden Orte weggelassen oder zur exakteren Navigation ergänzt; Referenzsystem der GPS-Koordinaten: WGS84

1
*15 km*
B84

Ⓐ

## Von Eisenach der Ausschilderung Bad Langensalza folgen und 15 km auf der B84 bis nach Behringen.

***Strecke:*** *Die wunderbaren Alleebäume der B84 machen die Fahrt zu einem wahren Motorraderlebnis. Durch die Verlegung der A4 kann sich zur Zeit die Streckenführung ändern.*

2
*4 km*
B84

## Geradeaus durch Behringen, weiterhin der B84 folgen und 4 km bis Reichenbach fahren.

**Info:** In Behringen stoßen wir auf eine stilecht im Fachwerkhaus untergebrachte Informationsstelle des Nationalparks Hainich. Hier beginnt auch ein rund 4 bzw. 12 km langer Skulpturenwanderweg. Seit Jahren wird im benachbarten Hütscheroda zur Sommerzeit ein Bildhauersymposium abgehalten (www.bildhauersymposium.de).

**Restaurant- und Hotel-Tipp:** Das ruhige Hotel Zum Herrenhaus liegt 2 km abseits der Bundesstraße in Hütscheroda, direkt am Nationalpark. Für die Bikes gibt es große, sichere Garagen. Das Restaurant bietet an bestimmten Terminen auch ein Menü mit erotischer Lesung an.
Hotel Zum Herrenhaus, Schlossstraße 10, 99947 Hörselberg-Hainich OT Hütscheroda, Tel. 03 62 54/72 00, www.hotel-zumherrenhaus.de €€

### Tipp: Eisenach

**Info:** Ein Stopp in Eisenach lohnt sich nicht nur wegen der großartigen Wartburg. Das Leben der Stadt wird bestimmt von Kultur und Arbeit. Interessant ist ein Besuch im Bachhaus und im Lutherhaus, aber auch im Fahrzeug-Museum Automobile Welt. Besonders empfehlenswert aber ist eine Führung durch die Räume der altehrwürdigen Wartburg hoch oben auf dem Berg (www.eisenach.de).

### Tipp: Thüringer Bratwurst

**Info:** An dieser Stelle ein Hinweis, der auf jeder Seite stehen könnte: Thüringer Bratwurst. Nirgends schmeckt sie so gut wie hier, wo in fast jedem Dorf ein Grill dampft. Einer der besten, stellvertretend für viele: Silvio in Behringen an der Ortsdurchfahrt der B84.

3
*11 km*
–

**In Reichenbach die rechts abknickende B84 verlassen und geradeaus über Craula und Thiemsburg 11 km bis zur T-Kreuzung mit der L1042 fahren.**

***Strecke:*** *Schmale Landstraße, die über die Hochfläche des Hainichs führt. An schönen Tagen manchmal viel Ausflugsverkehr.*

TOP TIPP **Info:** An der Thiemsburg steht die Hauptattraktion des Nationalparks: der Baumkronenpfad. Über einen Betonturm, der an einen Flughafentower erinnert, gelangt man auf einen 308 m langen und zwischen 20 und 40 m hohen, soliden Rundweg, der durch den Buchenwald-Dschungel des Hainichs führt. Der Pfad entfachte – trotz des recht hohen Eintrittspreises – einen wahren Ansturm naturbegeisterter Waldliebhaber, sodass er inzwischen verlängert und mit wackeligen Hängebrücken auch etwas abenteuerlicher gestaltet wurde.
Baumkronenpfad, Thiemsburg, 99947 Bad Langensalza, www.nationalpark-hainich.de, Apr.–Okt. 10–19 Uhr, Nov.–März 10–16 Uhr.

4
*3 km*
L1042

**Jetzt links auf die L1042 Richtung Weberstedt, der Straße 3 km bis zur nächsten T-Kreuzung folgen.**

***Strecke:*** *Eine fast gerade Allee führt aus dem Hainich wieder hinaus.*

Auf einsamen Straßen durch den Hainich, den schönsten aller Thüringer Forste.

## A Bad Langensalza

**Info:** Die mittelalterliche Innenstadt mit viel Fachwerk und 17 Stadttürmen sollte man sich ansehen. Acht Themengärten, darunter der Rosengarten, der Japanische Garten und das Friederikenschlösschen mit Park laden zur Rast ein. Vom Turm der Marktkirche blickt man auf die Stadt und auf den Nationalpark.

5
*3 km*
L1042

**An der T-Kreuzung vor Weberstedt links, weiterhin auf der L1042 durch Weberstedt und 3 km bis Mülverstedt fahren.**

***Strecke:*** *Geruhsame Landstraße durch mehrere Nationalparkorte.*

6
*6 km*
L1042

**In der Ortsmitte Mülverstedt links und 6 km auf der L1042 über Flarchheim bis Oppershausen.**

***Strecke:*** *Ruhige Fahrt mit Ausblick auf den lang gestreckten Gebirgszug des Hainichs.*

**Info:** Am Ortsende von Mülverstedt geht es geradeaus zum Wanderparkplatz Fuchsfarm. Von hier führen mehrere gut ausgeschilderte Wanderwege in den Nationalpark Hainich. Kurz, interessant und lehrreich ist der Weg durchs Brunstal. Besonders schön ist es hier im Frühjahr, wenn die Märzenbecher das Tal in ein gigantisches, weißes Meer aus Blüten verwandeln.

Die Nationalparkverwaltung bietet auch viele geführte Exkursionen an. Die Themen reichen von nächtlicher Wildbeobachtung bis zum Baumhoroskop. Ein ausführliches Programm ist in allen Nationalpark-Informationsstellen erhältlich (www.nationalpark-hainich.de).

Was krabbelt hier? Mit einem Führer geht's durch den Nationalpark und auf Insektensuche.

7
*3 km*
L2104

## In Oppershausen rechts auf die L2104 abbiegen, dann 3 km bis Niederdorla fahren – durch den Ort.

**Info:** Die Ehre, geografischer Mittelpunkt Deutschlands zu sein, reklamieren mehrere Orte für sich, aber die 1991 in Niederdorla gepflanzte Mittelpunktslinde steht auf historischem Boden. Das Museum Opfermoor zeigt Fundstücke, die auf prähistorische Kultstätten hinweisen. Auf einem Freigelände wurde eine germanische Siedlung nachgebildet. Selbst in christlichen Zeiten wurden zur Besänftigung der alten Götter noch Menschen im Moor ertränkt.

Zweckverband Mittelpunkt Deutschlands, Schleifweg 8, 99986 Niederdorla, Tel. 036 01/75 60 40, www.opfermoor.de, März–Okt. 10–18 Uhr, Nov.–Febr. 10–17 Uhr.

**Event-Tipp:** Magische Anziehungskraft übt das kleine Niederdorla alljährlich im Juli auf Hunderte von Motorradfreunden aus. Drei Tage lang dreht sich beim Bikertreffen am Stausee Seebach alles ums Zweirad, Party und Bikerlifestyle. Das vielseitige Programm mit Stuntshow, Rockbands, Hubschrauberflügen, Bodypainting und großer Rundfahrt gehört zu den Höhepunkten des Thüringer Motorradlebens. Zur Übernachtung werden Campingflächen zur Verfügung gestellt (www.mf-niederdorla.de).

Show-Highlights in der Mitte Deutschlands.

Auch Live-Musik wird beim Bikertreff geboten.

8
*12 km*
L1016

**Hinter Niederdorla an der Eisenacher Landstraße links abbiegen und 12 km auf der L1016 über Langula bis nach Nazza fahren.**

**Strecke:** *Wunderbare Waldstraße zurück über den Hainich und mit deftiger Kurvenabfahrt hinab ins Werratal.*

9
*5 km*
L1016

**Geradeaus durch Nazza, weiterhin auf der L1016 bleiben und 5 km bis Mihla.**

**Strecke:** *Kurvige, aber manchmal schlecht einsehbare Straße.*

**Restaurant- und Hotel-Tipp:** Alles andere als farblos präsentiert sich die Küche im Grauen Schloss in Mihla. Serviert werden abwechslungsreiche Gerichte mit frischen Ideen – im Sommer auch draußen im Biergarten. Wer will, kann in dem eindrucksvollen Renaissancebau, der auf dem Fundament einer mittelalterlichen Wasserburg aus dem 13. Jahrhundert erbaut wurde, auch übernachten. Die Zimmer sind gediegen, aber rustikal eingerichtet. Großer Parkplatz vorhanden.
Hotel & Restaurant Graues Schloss, Thomas-Müntzer-Straße 4, 99826 Mihla, Tel. 03 69 24/422 72, www.graues-schloss.de €€

## A Probsteizella

**Strecke:** *Vor Mihla zweigt rechts eine Straße zu einem besonders schönen Abschnitt des Werratals ab. Der Abstecher führt über Frankenroda zur ehemaligen Einsiedelei Probsteizella, die von 60 m hohen Felsen überragt wird.*

**Restaurant- und Hotel-Tipp:** Wunderschön gelegen präsentiert sich der Gasthof Probstei-Zella als regelrechtes Ferienzentrum mit Reiterhof, Badeteich, Campingplatz, Restaurant, Ferienwohnungen und Gästezimmern.
Landgasthof Probstei-Zella, 99826 Frankenroda, Tel. 03 69 24/419 76, www.zella.de €

**Info:** Im Gasthof kann man Boote für eine Kanutour auf der lebhaft dahinströmenden Werra mieten. Praktisch: Bei längeren Touren wird auch ein Rückholservice angeboten.

10
*9 km*
L1017

**Am Ortsende von Mihla scharf rechts in Richtung Creuzburg abbiegen, die Werra überqueren und 9 km auf der L1017 bis nach Creuzburg fahren.**

***Strecke:*** *Die Straße folgt den Windungen der Werra flussaufwärts. Links und rechts ragen beeindruckende Muschelkalkfelsen in die Höhe, die Ebenauer Köpfe und die Nordmannsteine.*

11
*12 km*
B7

**In Creuzburg am Markt rechts, dann sofort wieder links bis zur B7 fahren, hier links und der Bundesstraße 12 km zurück nach Eisenach folgen.**

***Strecke:*** *Je mehr man sich Eisenach nähert, umso lebhafter wird der Verkehr auf der B7.*

**Info:** Die Festung Creuzburg entstand im frühen Mittelalter. Sie war der bevorzugte Aufenthaltsort der heiligen Elisabeth, die wegen ihrer Fürsorge um Kranke und Arme noch heute in Thüringen verehrt wird. Die erhaltenen Teile der romanischen Burg sind frei zugänglich.

Die siebenbogige Brücke über die Werra bei Creuzburg gilt als die älteste Natursteinbrücke Ostdeutschlands. Die Brückenkapelle von 1499 ist dem heiligen Liborius geweiht.

E

# Klassischer geht's nicht

## Die Klassikerstraße von Eisenach bis Weimar

9

Ⓐ **Ausgangsort**
Eisenach (D-99817)

Ⓔ **Zielort**
Weimar (D-99423)

117 km ★★★ ★★

**Straßentypen** (in Prozent der Streckenlänge)

50 | 50

■ Landstraße/asphaltierte Nebenstraße
■ Bundesstraße/Schnellstraße

Diese Tour können Sie mit Route 8 und 10 kombinieren.

**Erfurt-Tourist-Information**
Benediktsplatz 1
D-99084 Erfurt
Tel. 03 61/664 00
info@erfurt-tourismus.de
www.erfurt-tourismus.de

(→ *weitere Adressen siehe Seite 187*)

**Klassiker, für den einen sind das Fugen von Bach oder Liebesgedichte von Goethe, andere hingegen denken an eine Moto Guzzi Falcone oder eine Honda CB 750. Auf der Klassikerstraße durch Thüringen finden beide Welten auf's Schönste zueinander. Unsere leichte Route folgt dabei nicht zwangsläufig der ausgeschilderten Klassikerstraße, sondern kombiniert die attraktivsten Motorradstrecken mit den bedeutendsten Sehenswürdigkeiten.**

Route 9
Thüringer Becken
Thüringen
DEUTSCHLAND
Hamm
Goslar
Magdeburg
Leipzig
Erfurt
Frankfurt
Mainz
Bamberg
TSCHECH. REP.
Bad Langensalza
Unstrut
Gera
ERFURT
Weimar
Gedenkstätte Buchenwald
Schloss Belvedere
Eisenach
Top Tipp
Wartburg
Wutha Farnroda
Hörsel
Teutleben
Gotha
Schloss Friedenstein
Wechmar
Apfelstädt
Burg Gleichen
Mühlburg
Mühlberg
Holzhausen
Wachsenburg
Molsdorf
Ichtershausen
Arnstadt
Hohenfelden
Stausee Hohenfelden
Kranichfeld
Bad Berka
Vollersroda
Buchfart
Blankenhain
Friedrichroda
Schweina
Naturpark
Thüringer Wald
Bad Liebenstein
Werra
Bad Salzungen
Floh-Seligenthal
Schmalkalden
Ohrdruf
Ohra Stausee
Crawinkel
Plaue
Gräfenroda
Ilmenau
Ilm
Stadtilm
Rudolstadt
Sächs. Saale
Bad Blankenburg
A4
E40
A71
B4
B7
B19
B62
B84
B85
B87
B88
B247
L1026
L1045
L1046
L1052
L2149
L3004
A
E
1
2
3
4
5
6
7
8
9
10
11
12
N
Route
5 km

## Tour-Stationen auf einen Blick

**Tourlänge:** 117 km

| Nr. | Ort | PLZ | GPS-Koordinaten |
|---|---|---|---|
| A | Eisenach | D-99817 | N 50 58.604 E 10 20.164 |
| 02 | Gotha | D-99867 | N 50 56.458 E 10 42.988 |
| 03 | Gotha | D-99867 | N 50 55.225 E 10 43.457 |
| 04 | Wechmar | D-99869 | N 50 53.537 E 10 46.600 |
| 05 | Mühlberg | D-99869 | N 50 52.028 E 10 49.473 |
| - | Holzhausen | D-99310 | N 50 51.123 E 10 53.336 |
| 06 | Arnstadt | D-99310 | N 50 50.242 E 10 56.493 |
| 07 | Erfurt | D-99084 | N 50 58.090 E 11 01.917 |
| 08 | Erfurt | D-99084 | N 50 58.426 E 11 03.401 |
| 09 | Kranichfeld | D-99448 | N 50 51.576 E 11 12.377 |
| 10 | Bad Berka | D-99438 | N 50 53.892 E 11 17.032 |
| 11 | Buchfart | D-99438 | N 50 55.471 E 11 20.044 |
| - | Vollersroda | D-99438 | N 50 56.211 E 11 19.820 |
| 12 | Schloss Belvedere | D-99425 | N 50 56.923 E 11 20.683 |
| E | Weimar | D-99425 | N 50 58.747 E 11 19.468 |

Die Tabelle enthält die wichtigsten Stationen der Route – ggf. wurden Orte weggelassen oder zur exakteren Navigation ergänzt; Referenzsystem der GPS-Koordinaten: WGS84

1
28 km
B7

Eisenach auf der B7 in Richtung Gotha/Erfurt verlassen. Der Bundesstraße 28 km über Wutha-Farnroda bis Gotha Innenstadt folgen.

**Strecke:** *Auf der Klassikerstraße mit teils lebhaftem Verkehr.*

**Info:** Eisenach ist Hort deutscher Kultur und traditionsreiche Autostadt zugleich. Seit 1898 werden hier Pkw in Serie produziert. Heute sind es Opel-Limousinen, früher waren es auch die Viertakt-Motorräder der EMW R35 und AWO. Die Klassiker aus dieser Epoche bekommen wir im neuen Fahrzeugmuseum Automobile Welt Eisenach zu Gesicht.

Zu Klassikerehren haben es auch zwei Pennäler der Stadt gebracht: Martin Luther ging hier zur Schule. Das Lutherhaus zählt neben dem Bachhaus zu den Sehenswürdigkeiten der Stadt. Knapp 200 Jahre später drückte der junge Johann Sebastian Bach ebenfalls in Eisenach die Schulbank. Lange blieben beide nicht, aber Luther kehrte zurück, inkognito als »Junker Jörg«, der auf der Wartburg Zuflucht nahm.

Automobile Welt Eisenach, Friedrich-Naumann-Straße 10, 99817 Eisenach, Tel. 036 91/772 12, www.ame.eisenachonline.de, Di–So 11–17 Uhr.

Bachhaus Eisenach, Frauenplan 21, 99817 Eisenach, Tel. 036 91/793 40, www.bachhaus.de, Mo–So 10–18 Uhr.

Lutherhaus, Lutherplatz 8, 99817 Eisenach, Tel. 036 91/298 30, www.lutherhaus-eisenach.de, Mo–So 10–17 Uhr.

## Tipp: Wartburg

TOP TIPP **Info:** Schon aus der Ferne grüßt die mächtige Wartburg vom hohen Berg den herannahenden Motorradfahrer. Der Weg ist ab Eisenach gut ausgeschildert. Auf einer etwas rutschigen Straße geht es hoch, die letzten Höhenmeter müssen vom bewachten Parkplatz zu Fuß zurückgelegt werden. Der Burghof ist frei zugänglich, das Burgtor wird um 20 bzw. 17 Uhr geschlossen. Kostenpflichtig und nicht selten mit langen Wartezeiten verbunden ist indes die Besichtigung des wunderbaren Palas mit den Sängerkriegsfresken und der Lutherstube, aus der der Reformator den Teufel durch einen gezielten Wurf mit dem Tintenfass vertrieben haben soll.

Wartburg, 99817 Eisenach, Tel. 036 91/25 00, www.wartburg-eisenach.de, Führungen: März–Okt. 8.30–17 Uhr, Nov.–Febr. 9–15.30 Uhr.

2

*5 km*

B7
B247

**Auf der B7 durch Gotha hindurch, dabei der Ausschilderung zur A4 folgen. Am Verkehrsknoten Stielerstraße geradeaus auf die B247, weiterhin in Richtung Autobahn, 5 km bis zur Stadtgrenze.**

***Strecke:*** *Stadtdurchfahrt auf mehrspurigen Verkehrswegen.*

**Info:** Das Wahrzeichen von Gotha ist das mächtige Schloss Friedenstein. Die frühbarocke Anlage (1643–55) zählt ebenso viele Räume wie das Jahr Tage hat, und ihre Bibliothek umfasst über eine halbe Million Buchbände. Sehenswert ist neben dem Schlossmuseum und seiner Sammlung prächtiger deutscher Gemälde das kleine Ekhof-Theater, dessen Bühnentechnik seit 1683 nahezu unverändert erhalten geblieben ist: Theaterdonner, Windmaschinen und Kulissenschieber.

Schoss Friedenstein, 99853 Gotha, Tel. 036 21/82 34 51, www.stiftungfriedenstein.de, Mai–Okt. Di–So 10–17 Uhr, Nov.–Apr. 10–16 Uhr.

**Restaurant- und Hotel-Tipp:** Biker sind gern gesehene Gäste im Gasthaus Weisser Brunnen im Zentrum von Gotha. Eine gemütliche Kneipe, Restaurant und Biergarten laden zum Verweilen ein. Dazu bietet die angeschlossene Pension preiswerte Zimmer an.

Weisser Brunnen, 18.-März-Straße 31, 99867 Gotha, Tel. 036 21/70 44 49, www.weisserbrunnen.de €

Schloss Friedenstein in Gotha.

3
*7 km*
L1045

Kurz hinter der Stadtgrenze links abbiegen, am darauffolgenden Kreisel die 1. Ausfahrt nehmen und 7 km auf der L1045 bis nach Wechmar fahren.

***Strecke:*** *Gerade Landstraße mit ein paar Kurven.*

4
*5 km*
L1045

Geradeaus durch Wechmar, auf der L1045 bleiben und 5 km in Richtung Arnstadt bis Mühlberg.

***Strecke:*** *Meistens geradeaus mit besten Aussichten auf die herrliche Burgenlandschaft der Drei Gleichen.*

**Info:** Das Bachstammhaus in Wechmar erinnert an die einzigartige Musikerfamilie Bach. Veit Bach arbeitete im 16. Jahrhundert als Bäcker im thüringischen Örtchen, sein Sohn sowie die Enkel und Urenkel aber machten sich einen Namen als Musiker, vornehmlich als Organisten. Der berühmte Johann Sebastian Bach ist also nur einer von vielen, wenn auch unbestritten der Bedeutendste.

Bachstammhaus, Bachstraße 4, 99869 Wechmar, Tel. 03 62 56/226 86, www.bach-stammhaus-wechmar.de, Di–So 10–17 Uhr.

5

*10 km*

L1045

In Mühlberg rechts, immer noch auf der L1045, und 10 km über Holzhausen nach Arnstadt.

***Strecke:*** *Abwechslungsreiche Fahrt durch die Drei Gleichen.*

**Info:** Drei Gleichen nennt sich die karge Hügellandschaft zwischen Gotha und Erfurt, die von drei markanten Burgen gekrönt wird: Burg Gleichen, Mühlburg und Wachsenburg. Landschaftlich sind die Drei Gleichen durch Steppenwiesen geprägt, die der Gegend einen eigentümlichen Reiz verleihen.

**Camping-Tipp:** Naturnah genießen kann man diesen Landstrich auf dem Campingplatz Drei Gleichen vor Mühlberg. In unmittelbarer Nähe des Platzes liegen zwei Reiterhöfe und ein öffentlicher Golfplatz.
Camping Drei Gleichen, Am Gut Ringhofen, 99869 Mühlberg, Tel. 03 62 56/227 15, www.campingplatz-muehlberg.de €

**Restaurant- und Hotel-Tipp:** Leckere Thüringer Spezialitäten, serviert in mittelalterlichem Ambiente, kommen in der Veste Wachsenburg oberhalb von Holzhausen auf den Tisch. Das angeschlossene Hotel bietet angenehme Zimmer und Suiten. Der Parkplatz für Hotelgäste befindet sich innerhalb des Burggeländes. Schöne Aussicht.
Veste Wachsenburg 91, 99310 Holzhausen, Tel. 036 28/742 40, www.veste-wachsenburg.de €€€

Cruisen in der Burgenlandschaft Drei Gleichen.

## A Jonastal

**Info:** Das Jonastal ist ein Traumrevier für Biker. Eine enge, verwinkelte Straße (L1046) führt von Arnstadt durch das von Kalksteinfelsen gesäumte Tal nach Crawinkel. Rückfahrt über die landschaftlich ebenfalls reizvolle Strecke Gräfenroda (B88) und Plaue (L2149) nach Arnstadt (L3004), insgesamt 36 km reines Vergnügen!

6
*19 km*
L3004
B4

In Arnstadt links in die Wachsenburgallee und 0,5 km bis zum Kreisel fahren. Hier die 3. Ausfahrt in Richtung Ichtershausen nehmen und 18,5 km auf der L3004/B4 bis Erfurt fahren.

*Strecke: Wir folgen wieder der Klassikerstraße.*

**Info:** Arnstadt gilt als die älteste Stadt Thüringens. Bereits im Jahre 704 wurde sie urkundlich erwähnt. Dennoch wirkt das Städtchen unbeschwert und heiter, nahezu südländisch. Besonders stolz ist Arnstadt, dem Komponisten Johann Sebastian Bach als Erste eine Organistenstelle gegeben zu haben. Allerdings muss das junge Genie die behäbigen Thüringer Bürger gründlich verschreckt haben, davon jedenfalls erzählt das Denkmal auf dem Marktplatz, das Bach als forschen Flegel darstellt. Anderseits wurde ihm zu Ehren die imposante Arnstäder Neue Kirche in Bachkirche umbenannt.

Nicht versäumen sollte man einen Besuch der einzigartigen Puppensammlung »Mon Plaisir« im Arnstädter Schlossmuseum. In 82 Szenen mit 391 Wachsfiguren wird das höfische Leben in der Bachzeit nachgestellt, ebenso wie der Alltag der einfachen Leute.

Schlossmuseum Arnstadt, Schlossplatz 1, 99310 Arnstadt, Tel. 036 28/60 29 32, www.arnstadt.de, Di–So 9.30–16.30 Uhr.

Symbol barocker Lebensfreude: Schloss Molsdorf.

## A Molsdorf

**Info:** In Ichtershausen sollte man den Wegweisern zum Barockschloss Molsdorf folgen, einem Kleinod unter den Thüringer Schlössern. Wegen seines schönen Parks, vielleicht aber auch wegen der Erotika-Sammlung des skandalumwitterten Bauherren des Lustschlosses, Gustav Adolph von Gottern. Auf sonnenverwöhnter Terrasse bekommt man Eis und Kaffee serviert.

Schloss Molsdorf, Schlossplatz 6, 99192 Molsdorf, Tel. 03 62 02/905 05, Di–So 10–18 Uhr.

7
*2 km*
B7

## In Erfurt an der Schillerstraße rechts, 2 km Richtung Weimar(B7) bis zur Abzweigung Kranichfeld.

***Strecke:*** *Die Erfurter Altstadt lässt sich zwar auch mit dem Bike erkunden, praktischer ist es jedoch, die Maschine auf einem der ausgewiesenen Motorrad-Parkplätze abzustellen.*

**Info:** Zu Fuß erreicht man rasch den Wenigemarkt, wo Tische und bequeme Stühle zur Kaffeepause einladen. Zuvor werfen wir einen Blick durch den dunklen Torbogen, der auf die Krämerbrücke führt. Wie auf der Ponte Vecchio in Florenz stehen auch auf der 120 m langen Brücke dicht an dicht 32 bewohnte Häuschen, und in jedem befindet sich ein Geschäft, vom Antiquariat bis zur Weinhandlung. Weiteres Highlight der Stadt ist der Domhügel mit dem Mariendom und der Severikirche. Auf einer breiten Treppe mit 70 Stufen schreitet man majestätisch zu den beiden Gotteshäusern hinauf (www.erfurt.de).

**Event-Tipp:** Die Domstufen bilden auch die imposante Kulisse für die alljährlich im August stattfindenden Domstufenfestspiele mit klassischem und modernem Musiktheater (www.theater-erfurt.de).

**Restaurant-Tipp:** Italienische Küche und Atmosphäre genießt man im Fellini direkt am belebten Fischmarkt gegenüber des Rathauses.
Fellini, Fischmarkt 3, 99084 Erfurt, Tel. 03 61/642 13 75, www.fellini-erfurt.de

Das Ensemble Mariendom und Severikirche.

Die historische Waagegasse in der Altstadt.

8
*18 km*
L1052

**Jetzt an der Jenaer Straße rechts Richtung Kranichfeld abbiegen. Nach 0,5 km erneut rechts auf die L1052, dann 17,5 km – über die A4 hinweg – bis Kranichfeld fahren.**

***Strecke:*** *Städtische Ausfallstraße, die hinter der Stadtgrenze in eine schön zu fahrende Landstraße übergeht.*

**Info:** Das Museumsdorf in Hohenfelden, etwa 1 km abseits der Strecke, besteht aus dem 700 Jahre alten Ortskern von Hohenfelden mit Schule, Pfarrhof, Kirche und Taubenturm. Nördlich des Dorfes stehen weitere seltene historische Gebäude aus verschiedenen thüringischen Dörfern, die dort abgebaut und hier wieder errichtet wurden.

Thüringer Freilichtmuseum Hohenfelden, Im Dorfe 63, 99448 Hohenfelden, Tel. 03 64 50/302 85, www.thueringer-freilichtmuseum-hohenfelden.de, Apr.–Okt. 10–18 Uhr, Nov.–Dez. Di–So 11–17 Uhr, Jan.–Apr. Sa+So 11–17 Uhr.

Die »Riviera« der Erfurter liegt am Stausee Hohenfelden mit Strandbad und Campingplatz. Die nahe Avenida-Therme bietet eine Sauna und zahlreiche weitere Wellnessangebote.

Freizeitpark Stausee Hohenfelden, 99448 Hohenfelden, Tel. 03 64 50/313 64, Campingplatz Tel. 03 64 50/420 81, www.stausee-hohenfelden.de

Avenida-Therme, Am Stausee Hohenfelden, 99448 Hohenfelden, Tel. 03 64 50/44 90, www.avenida-therme.de, Mo–So 10–23 Uhr.

**9**
*8 km*
B87

In Kranichfeld links auf die B87 auffahren und der Bundesstraße 8 km bis Bad Berka folgen.

***Strecke:*** *Bundesstraße durch eine bewaldete Hügellandschaft entlang des Flusses Ilm.*

**10**
*6 km*
B85
B87

An der B85 in Bad Berka links, dann nach 0,5 km gleich wieder rechts. Weiterhin der B87 in Richtung Apolda folgen und 5,5 km bis Buchfart fahren.

***Strecke:*** *Weiterhin an der schönen Ilm entlang.*

**11**
*5 km*
–

Kurz hinter Buchfart links von der B87 abbiegen, über Vollersroda 5 km in Richtung Weimar bis zum Parkplatz am Schloss Belvedere fahren.

***Strecke:*** *Auf kleiner Straße nähern wir uns Weimar durch die Hintertür.*

**Info:** Schloss Belvedere oberhalb von Weimar wurde als Jagdschloss errichtet. Seine Parklandschaft mit dem Heckentheater und dem Russischen Ehrenfriedhof zählt zu den schönsten der Weimarer Gärten.
Schloss Belvedere, 99425 Weimar-Belvedere, Tel. 036 43/54 54 41, www.klassik-stiftung.de, Apr.–Okt. Di–So 10–18 Uhr. Der Park ist ganzjährig frei zugänglich.

Herrenhäuser im Schlosspark Belvedere.

Fürstliche Fahrt: Eine Allee gesäumt von prächtigen, knorrigen Kastanien führt vom Schloss Belvedere hinab nach Weimar.

12
4 km
–

Von Schloss Belvedere 4 km immer geradeaus auf der Belvederer Allee in die Weimarer Innenstadt.

**Info:** Weimar gilt zu Recht als die Stadt der Klassiker. Und Johann Wolfgang von Goethe war der bedeutendste unter ihnen. Das Goethehaus am Frauenplan beherbergt seine kunst- und naturwissenschaftliche Sammlung, die Bibliothek sowie das originale Mobiliar des Dichters und seiner Frau Christiane Vulpius. Goethes Gartenhaus steht im nahen Park an der Ilm. Der Park erfreut sich großer Beliebtheit, zum Kicken, Singen und Musizieren oder einfach, um sich Goethe nahe zu fühlen. Im Residenzschloss kann man Cranach-Bilder bewundern, darunter die Porträts von Luther und seiner Frau Katharina.

Goethes Wohnhaus, Frauenplan 1, 99423 Weimar, Tel. 036 43/54 53 47, Apr.–Sept. Di–So 9–18 Uhr, Sa 9–19 Uhr; Okt. Di–So 9–18 Uhr; Nov.–März Di–So 9–16 Uhr.

Goethes Gartenhaus, Im Park an der Ilm, 99425 Weimar, Tel. 036 43/54 53 75, Apr.–Okt. Mo–So 10–18 Uhr, Nov.–März Mo–So 10–16 Uhr.

Residenzschloss Weimar, Burgplatz 4, 99423 Weimar, Tel. 036 43/54 56 80, Apr.–Okt. Di–So 10–18 Uhr, Nov.–März Di–So 10–16 Uhr, alle: www.klassik-stiftung.de

**Restaurant-Tipp:** Kultur und Bildung werden im Residenz-Café, dem ältesten und traditionsreichsten Café Weimars, ganz unangestrengt als leichtes Menü serviert.

Residenz-Café, Grüner Markt 4, 99423 Weimar, Tel. 036 43/594 08, www.residenz-cafe.de

E

## A Buchenwald

**Info:** Zur Weimarer Geschichte gehört auch das KZ Buchenwald, das 10 km nordwestlich der Stadt auf dem Ettersberg liegt und eines der größten KZs auf deutschem Boden war. Während des Naziregimes waren hier über eine viertel Million Menschen aus mehr als 50 Ländern interniert. Viele wurden brutal ermordet oder überlebten die Haft nicht. Zu sehen sind noch das Torgebäude, Arrestzellen, das Krematorium und eine Genickschussanlage. Zum Gedenken an die Opfer entstand 1958 ein Mahnmal mit dem weithin sichtbaren Glockenturm und einem Stelenweg sowie Skulpturen befreiter Häftlinge des Bildhauers Fritz Cremer.

Gedenkstätte Buchenwald, 99427 Weimar-Buchenwald, Tel. 036 43/43 00, www.buchenwald.de, Apr.– Okt. 10–18 Uhr, Nov.–März 10–16 Uhr.

# Rennsteiglauf

## Thüringer Wald, von Eisenach bis Ilmenau

10

Ⓐ **Ausgangsort**
Eisenach (D-99817)

Ⓔ **Zielort**
Ilmenau (D-98693)

156 km ★★★★ ★★★★

**Straßentypen** (in Prozent der Streckenlänge)

65 | 35

Landstraße/asphaltierte Nebenstraße
Bundesstraße/Schnellstraße

Diese Tour können Sie mit Route 8, 9 und 13 kombinieren.

**Naturpark Thüringer Wald e. V.**
Dorfstraße 16
D-98749 Friedrichshöhe
Tel. 03 67 04/709 90
verband@naturpark-thueringer-wald.de
www.naturpark-thueringer-wald.de

(➔ *weitere Adressen siehe Seite 187*)

Eigentlich erwandert man den Rennsteig brav mit Stock und Hut. Sportlichere Naturen absolvieren den Kammweg des Thüringer Waldes beim Rennsteiglauf als Supermarathon. Der wahre Biker wiederum erkundet den Rennsteig genussvoll auf kleinen Straßen rechts und links des Wanderwegs. Deutschlands bekannteste Wanderroute eignet sich hervorragend als roter Faden für eine gemütliche, teilweise anspruchsvolle Tour durch den Thüringer Wald.

Route 10
Hütschhof
Gumpelstadt
B7
B19
Eisenach
Werra
Wartburg
A
Mihla
Bad Liebenstein
Wutha
Farnroda
Hainich
Bayern
B19
Bauerbach
Stillhof
Obermaßfeld-
Grimmenthal
Meiningen
L1124
B19
L1026
Schmalkalden
L1126
Bergwerk
Hühn
Trusetal
Großer
Inselsberg
916
Brotterode
Floh-
-Seligenthal
B88
A71
L1131
Christes
Kühndorf
K581
L2613
L1118
L1026
Tabarz
B84
Rohr
Schwarza
K2513
Naturpark
Thüringer
Wald
Friedrichroda
Teutleben
Hörsel
B89
L1140
Werra
Großer
Buchenberg
812
B88
B7
Zella-
Mehlis
A4
Bad
Langensalza
B84
Ohra-
talsperre
E40
B247
A73
Subl
Hildburg-
hausen
Schleusingen
Top
Tipp
983
L1129
Großer
Beerberg
Oberhof
L3247
A71
Ohrdruf
Gotha
Unstrut
B247
Vessertal
Vesser
Schmücke
Gehlberg
Crawinkel
Wechmar
Thüringen
L2632
B4
Gräfenroda
Schmiedefeld
am Rennsteig
Stützerbach
Gera
Apfelstädt
L3004
Ilmenau
E
A71
Arnstadt
ERFURT
B88
B87
Route
5 km
DEUTSCHLAND
Hamm
Goslar
Magdeburg
Leipzig
Erfurt
Frankfurt
Mainz
Bamberg
TSCHECH.
REP.

## Tour-Stationen auf einen Blick

**Tourlänge:** 156 km

| Nr. | Ort | PLZ | GPS-Koordinaten |
|---|---|---|---|
| Ⓐ | Eisenach | D-99817 | N 50 58.464 E 10 19.525 |
| 02 | Gumpelstadt | D-36433 | N 50 50.279 E 10 17.508 |
| 03 | Trusetal | D-98596 | N 50 47.171 E 10 24.508 |
| 04 | Floh-Seligenthal | D-98593 | N 50 45.564 E 10 28.384 |
| 05 | Schmalkalden | D-98574 | N 50 43.253 E 10 26.716 |
| 06 | Schwarza | D-98547 | N 50 37.655 E 10 32.188 |
| 07 | Einmündung B19 | - | N 50 35.150 E 10 27.558 |
| 08 | Meiningen | D-98617 | N 50 35.064 E 10 24.915 |
| 09 | Stillhof | D-98617 | N 50 32.544 E 10 24.102 |
| 10 | Obermaßfeld-Grimm. | D-98617 | N 50 31.607 E 10 26.300 |
| 11 | Rohr | D-98530 | N 50 34.613 E 10 29.958 |
| 12 | Suhl | D-98527 | N 50 36.577 E 10 41.141 |
| 13 | Zella-Mehlis | D-98544 | N 50 39.138 E 10 40.136 |
| 14 | Oberhof | D-98559 | N 50 41.779 E 10 43.290 |
| 15 | Kreuzung B4 | - | N 50 37.092 E 10 49.852 |
| Ⓔ | Ilmenau | D-98693 | N 50 40.966 E 10 54.874 |

Die Tabelle enthält die wichtigsten Stationen der Route – ggf. wurden Orte weggelassen oder zur exakteren Navigation ergänzt; Referenzsystem der GPS-Koordinaten: WGS84

1
*19 km*
B19

## Von Eisenach auf der B19 in Richtung Wartburg/Bad Salzungen/Meiningen fahren und der Bundesstraße 19 km bis Gumpelstadt folgen.

***Strecke:*** *Kurvenreiche und schnelle Bundesstraße über den Kamm des Thüringer Waldes.*

**Info:** Die Wartburg war schon im Mittelalter ein sagenumwobener Ort. Im Jahr 1206 wurde hier der legendäre Sängerstreit ausgetragen, den Richard Wagner in seiner Oper Tannhäuser vertont hat. Im Palas der Burg können die Sängerkriegsfresken besichtigt werden. Die heilige Elisabeth (1207–1231) lebte hier als Landgräfin von Thüringen. Im Wartburgmuseum in den einstigen Räumen der Fürstenfamilie sind neben höfischen Kult- und Gebrauchsgegenständen auch Bilder von Cranach und Dürer zu sehen.

Wartburg+Wartburgmuseum, 99817 Eisenach, Tel. 036 91/25 00, www.wartburg-eisenach.de, Führungen: März–Okt. 8.30–17 Uhr, Nov.–Febr. 9–15.30 Uhr.

**Hotel-Tipp:** Der idyllische Hütschhof, unweit von Eisenach gelegen, ist mit seinen preisgünstigen Ferienwohnungen ein idealer Ausgangspunkt für Touren in den Thüringer Wald. Von Eisenach über die B84 in Richtung Vacha zu erreichen, nach circa 8 km rechts abbiegen.

Gut Hütschhof, Hütschhof 4, 99819 Oberellen-Hütschhof, Tel. 036 91/74 70, www.gut-huetschhof.de €

Die Wartburg, Sinnbild deutscher Geisteshaltung.

Herrliche Fahrt vor mittelalterlicher Kulisse.

**2**
*13 km*
L1126

## Im Örtchen Gumpelstadt links auf die L1126 abbiegen, dann 13 km über Bad Liebenstein bis Trusetal fahren.

***Strecke:*** *Enge Waldstraße, in den Orten der Hauptstraße folgen.*

**Info:** Spektakulär, aber kein echtes Naturschauspiel: Der Trusetaler Wasserfall wurde 1865 künstlich angelegt. Von Ostern bis Oktober stürzt das Wasser über drei Kaskaden 60 m in die Tiefe. Auf einem Wanderweg mit 228 Stufen kann man längs des Wasserfalls hochsteigen.

Sehenswert ist auch das Trusetaler Bergwerk Hühn. Stilecht mit einer Lorenbahn fahren die Besucher in die dunklen Stollen ein und werden nach einer Stunde vom Bergwerksführer wieder wohlbehalten ans Licht gebracht. Zum Bergwerk gehört auch eine Ausstellung mit über 500 Mineralien aus dem In- und Ausland.

Besuchsbergwerk Hühn, Trusetal, Tel. 03 68 40/815 78, www.trusetal-thuer.de, Ostern–Okt. Mo–So Führungen zwischen 10–16 Uhr.

**3**
*7 km*
L1126

## In Trusetal am Pappenheimer Platz rechts, weiterhin auf der L1126 bleiben, 7 km bis Floh-Seligenthal.

***Strecke:*** *Ein paar kernige Kurven sorgen für Fahrspaß.*

4
*6 km*
L1026

**In Floh-Seligenthal rechts auf die L1026 abbiegen und 6 km bis Schmalkalden.**

**Info:** Ein Bummel durch die Altstadt von Schmalkalden mit ihren Fachwerkhäusern gleicht einer Zeitreise ins Mittelalter. Am Altmarkt bilden Rathaus und die Stadtkirche St. Georg ein beeindruckendes Ensemble. Während der Reformationszeit schlossen sich 1530 hier die protestantischen Stände gegen den katholischen Kaiser Karl V. zum Schmalkaldischen Bund zusammen. Im Schmalkaldischen Krieg jedoch konnte der Kaiser 1547 dieses Bündnis wieder zerschlagen.

Bilderbuch-Fachwerk in Schmalkalden.

5
*18 km*
L1118
L2613
K2513

**In Schmalkalden links auf die L1118, nach 5 km rechts halten und auf der L2613/K2513 über Christes 13 km Richtung Schwarza fahren.**

***Strecke:*** *Eine Straße, wie sie Biker lieben: Kurven, Kurven, Kurven!*

6
*10 km*
L1131
K581

**An der T-Kreuzung vor Schwarza rechts, geradeaus durch den Ort und 10 km auf der L1131/K581 über Kühndorf bis zur Einmündung auf die B19.**

## A Inselsberg

**Info:** Bei guter Sicht wird ein Abstecher zum 916 m hohen Großen Inselsberg mit einer fantastischen Sicht über Thüringer Land und Wald belohnt. In Trusetal nach links abbiegen und in Richtung Brotterode und Tabarz fahren. Die 10 km lange Anfahrt sorgt für zusätzliche Freude, Motorräder parken direkt unterhalb des Gipfels.

7
*3 km*
B19

Jetzt rechts auf die B19 und der Bundesstraße 3 km bis Meiningen folgen.

**Info:** Weit über die Grenzen Thüringens hinaus wird das Meininger Theater gerühmt. Meiningen war ähnlich wie Weimar ein Musenhof, ein fürstlicher Spielplatz für die schönen Künste. Berühmte Dichter wie Jean Paul, Ludwig Bechstein, Friedrich Schiller und die Musiker Johannes Brahms, Richard Wagner und Max Reger wirkten in Meiningen. Im Schloss Elisabethenburg mit seiner Kunstsammlung, dem Max-Reger-Archiv und dem Theatermuseum kann man die Atmosphäre dieser hochgestimmten Epoche nachempfinden.

Schloss Elisabethenburg, Schlossplatz 1, 98617 Meiningen, Tel. 036 93/50 36 41, www.meiningermuseen.de, Di–So 10–18 Uhr.

8
*6 km*
–
L1124

In Meiningen an der Leipziger Straße links in Richtung Zentrum. Nach 2 km rechts und auf der Neu-Ulmer und der Henneberger Straße (L1124) 4 km bis zum Kreisverkehr bei Stillhof.

*Strecke: Reichlich Durchgangsverkehr.*

9
*4 km*
B19
B89

Im Kreisverkehr die 2. Ausfahrt auf die B19 nehmen. Den gleich darauf folgenden Kreisel an der 1. Ausfahrt verlassen und 3,5 km auf der B89 Richtung Suhl/Obermaßfeld-Grimmenthal fahren.

10
*9 km*
L1131

Vor Obermaßfeld-Grimmenthal links von der B89 abbiegen, nach 1 km rechts in den Ort hinein und 8 km auf der L1131 bis Rohr.

***Strecke:** Die Landstraße bis nach Suhl führt durchs Haseltal.*

**Info:** Das Dörfchen Rohr schart sich um St. Michaelis, eine ungewöhnliche Dorfkirche, die eher einer Burganlage denn einem Gotteshaus gleicht und aus karolingischer Zeit stammt. Eine Wehrmauer mit Torturm umgibt Friedhof und Kirche. Schon der römisch-deutsche König Otto III. hat 984 hier einen Reichstag abgehalten. Das großzügige Kircheninnere beeindruckt mit einer Kassettendecke und Doppelempore. Am geheimnisvollsten aber wirkt die romanische Krypta unter dem Altarraum, die erst Ende des 19. Jahrhunderts entdeckt wurde.

Kirche Rohr, Linde 4, 98530 Rohr, Tel. 03 68 44/306 54, www.kirche-rohr.de, Mo–Fr 8.30–12 Uhr, 13–17 Uhr.

## Tipp: Schiller-Museum

**Info:** Im Hause des Schiller-Museums in Bauerbach, südlich von Meiningen, fand Schiller Zuflucht, nachdem seine aufrührerischen »Räuber« verboten worden waren. Zu besichtigen sind seine Zimmer und ein handschriftliches Fragment von »Kabale und Liebe«.

Schiller-Museum, Hauptstraße 3, 98617 Bauerbach, Tel. 03 69 45/503 01, www.klassik-stiftung.de, Apr.–Okt. Di–So 10-17 Uhr, Okt.–März Mi–Mo 10–16 Uhr.

Magischer Ort: die Krypta Rohr.

11
*16 km*
L1140

## In Rohr rechts auf die Hauptstraße, weiter rechts halten und 16 km auf der L1140 bis Suhl fahren.

**Info:** Am Südrand des Thüringer Waldes liegt Suhl. Rund 40 000 Menschen leben hier. Die Stadt ist noch heute eine echte Industriestadt und ihre Geschichte eng mit den reichen Erzvorkommen in den umliegenden Bergen verknüpft. Hier wurden früher Autos und Motorräder gebaut; bekannt war Suhl auch für seine Jagdwaffen. In schwindelerregender Höhe spannen sich die Brücken der neuen Thüringer Waldautobahn über das tief eingeschnittene Tal.

TOP TIPP Im Fahrzeugmuseum im Zentrum von Suhl (nicht mehr auf dem alten Gelände der Simson-Werke) wird die Historie der Firma Simson von ihrer Gründung 1851 bis zum traurigen Ende im Jahre 2002 noch einmal Kapitel für Kapitel aufgeschlagen: Bereits in den 20er-Jahren begann die Produktion von Motorrädern in Suhl, in den 50er-Jahren wurden die AWO-Viertakter und später die Simson Motorrad-Reihe gebaut, von 1955 bis 1990 zudem über fünf Millionen Kleinkrafträder. Auch im Motorsport war Simson außergewöhnlich erfolgreich. In den neuen Ausstellungsräumen sind über 170 Motorräder, Mopeds, aber auch Autos und Fahrräder zu sehen.

Fahrzeugmuseum Suhl, Friedrich-König-Straße 7, 98527 Suhl, Tel. 036 81/70 50 04, www.fahrzeug-museum-suhl.de, Mo–So 10–18 Uhr.

Motorsport-Nostalgie im Fahrzeugmuseum Suhl.

### Tipp: Waffenmuseum Suhl

**Info:** Stadt der Büchsenmacher wird Suhl auch genannt. Ansehen sollte man sich daher auch das Suhler Waffenmuseum. Besonders sehenswert ist neben der Fertigungsgeschichte die Prunkwaffensammlung des Hauses.

Waffenmuseum Suhl, Friedrich-König-Straße 19, 98527 Suhl, Tel. 036 81/74 22 18, www.waffenmuseum.eu, Mo–Fr 10–18 Uhr.

**12**
*6 km*
B247

## Geradeaus durch Suhl hindurch und 6 km auf der B247 bis nach Zella-Mehlis.

***Strecke:*** *Mehrspuriger Stadtverkehr.*

**13**
*8 km*
L3247

## In Zella-Mehlis rechts dem Verlauf der Straße folgen und 8 km auf der L3247 in Richtung Oberhof fahren.

***Strecke:*** *Sehr gut ausgebaute, kurvenreiche Bergaufstrecke.*

**Info:** Selbst im Sommer sollte man sich einen Blick auf Oberhof, das Wintersportzentrum des Thüringer Waldes, nicht nehmen lassen. Die imposante Schanzenanlage, das Biathlon-Stadion und die erste Langlaufskihalle Deutschlands (mit 2 km Loipe) sind ebenso interessant wie das architektonisch reizvolle Panorama-Hotel. Man kann sich den Trubel vorstellen, dem sich der schöne Ort im Winter ausgesetzt sieht.

Hinter der Abbiegung nach Schmiedefeld liegt der Rennsteiggarten (Parkplatz Rondell). Auf dem 7 ha großen Gelände erblüht im Sommer die Felslandschaft und man erfährt alles Wissenswerte über die hier vorkommenden 4 000 Pflanzenarten und den Thüringer Wald.

Rennsteiggarten, Am Pfanntalskopf 3, 98559 Oberhof, Tel. 03 68 42/222 45, www.rennsteiggartenoberhof.de, Ostern–Sept. Mo–So 9–18 Uhr, Okt.–Nov. 9–17 Uhr.

**14**
*16 km*
L1129
L2632

## Vor Oberhof rechts Richtung Schmiedefeld abbiegen und 16 km auf der L1129/L2632 über die Schmücke bis zur Kreuzung mit der B4 fahren.

***Strecke:*** *Geniale Motorradpartie über den Großen Beerberg (983 m)!*

**Info:** An der Schmücke kreuzen sich Bergstraße und Rennsteig. Auf dem großen Parkplatz pausieren fast immer edle Bikes.

**Restaurant- und Hotel-Tipp:** Biker treffen sich gerne im Waldhotel Schmücke. Gemütliche Baudenabende und günstige Herbergszimmer.
Waldhotel Schmücke, Schmücke 5, 98559 Gehlberg am Schneekopf,
Tel. 0368 45/58 80, www.waldhotel-schmuecke.de €

**15**
*15 km*
B4

## Jetzt links auf die B4 abbiegen und der Bundesstraße 15 km über Stützerbach bis Ilmenau folgen.

***Strecke:*** *Schwungvoll zu fahrende Bundesstraße zum Abschluss der Tour.*

**Info:** Goethe kam zur Sommerfrische gerne in das kleine Kneippbad Stützerbach. Sein Quartier ist heute Gedenkstätte und Glasmuseum.
Goethe-Museum, Sebastian-Kneipp-Straße 18, 98714 Stützerbach,
Tel. 03 67 84/502 77, www.ilmenau.de/museen3.htm, Apr.–Okt. Sa+So 10–17 Uhr, Jan.–März und Nov.–Dez. Sa+So 11–15 Uhr.

E

## Tipp: Vessertal

**Info:** Eines der schönsten Täler des Thüringer Waldes, das Vessertal bei Schmiedefeld, trägt schon seit 1979 die UNESCO-Auszeichnung Biosphärenreservat. Naturschutz, Verkehr, Tourismus und Landwirtschaft konnten hier modellhaft zusammengeführt werden. Blühende Wiesen, stille Wälder, sprudelnde Bäche machen Lust auf einen Spaziergang ohne Bike.
www.biosphaerenreservat-vessertal.de

**Restaurant- und Hotel-Tipp:** In dieser Idylle liegt der Forellenhof, der seinem Namen alle Ehre tut. Freundlich serviert man fangfrische Fische direkt aus dem hauseigenen Teich. Günstige Zimmer, Parkplatz direkt am Haus, aber leider keine Garagen.
Hotel Vessertal Forellenhof, Suhler Weg 1, 98711 Vesser, Tel. 03 67 82/614 68, www.hotel-vessertal-forellenhof.de €

# An hellem Strande

## Das Saaletal von Bad Lobenstein bis Naumburg

11

# ROUTE 11 Thüringen – An hellem Strande

**Ⓐ Ausgangsort**
B. Lobenstein (D-07356)

**Ⓔ Zielort**
Naumburg (D-06618)

169 km ★★★ ★★★

**Straßentypen** (in Prozent der Streckenlänge)

| Landstraße/asphaltierte Nebenstraße | Bundesstraße/Schnellstraße |
|---|---|
| 50 | 50 |

Diese Tour können Sie mit Route 7 und 12 kombinieren.

**Jena Tourist-Information**
Markt 16
D-07743 Jena
Tel. 036 41/49 80 50
tourist-info@jena.de
www.tourismus.jena.de

(➔ *weitere Adressen siehe Seite 187*)

»An der Saale hellem Strande stehen Burgen stolz und kühn«, so beginnt eine alte Thüringer Volksweise. Die Saale entspringt im Fichtelgebirge und mündet nach 427 Kilometern in die Elbe. Wie ein Schmuckband windet sich der Fluss zwischen bewaldeten Höhen, saftigen Wiesen und imposanten Felsen hindurch. Entlang seiner Ufer schwingen sich kleine, spannend zu fahrende Straßen – für Biker sind sie die Quelle wahren Glücks!

Route 11
DEUTSCHLAND
Hamm
Goslar
Magdeburg
Leipzig
Erfurt
Frankfurt
Mainz
Bamberg
TSCHECH. REP.
Thüringen
Thüringer Becken
Bayern
Naturpark
Thüringer
Schiefergebirge-
Obere Saale
Sachsen
Bad Blankenburg
Bad Berka
Weimar
Blankenhain
Rudolstadt
Kirchhasel
Uhlstädt-
Saalfeld
Feengrotte
Kaulsdorf
Leutenberg
Hohenwarte
Hohenwarte-talsperre
Drognitz
Top Tipp
Pößneck
Kahla
Leuchtenburg
Göschwitz
Jena
Apolda
Dornburg Saale
Kleinheringen
Burg Saaleck
Saaleck
Camburg
Rudelsburg
Bad Kösen
Naumburg
Stadtroda
Neustadt a.d. Orla
Eisenberg
Schleiz
Bad Lobenstein
Schönbrunn
Ebersdorf
Liebschütz
Ziegenrück
Schloss Burgk
Grochwitz
Burgk
Crispendorf
Bleilochstausee
Saale-Stausee
Saalburg
Gräfenwarth
Schwarza
Ilm
Saale
Orla
B281
B85
B90
B88
B87
B7
B250
B2
B94
B282
L2385
L2366
L1102
L1101
L1103
L1095
L2308
L1061
A4
E40
A9
E51
E49
1
2
3
4
5
6
7
8
9
10
11
12
13
14
15
16
17
18
A
E
N
Route
5 km

## Tour-Stationen auf einen Blick

**Tourlänge:** 169 km

| Nr. | Ort | PLZ | GPS-Koordinaten |
|---|---|---|---|
| A | Bad Lobenstein | D-07356 | N 50 27.097 E 11 38.579 |
| 02 | Ebersdorf | D-07929 | N 50 29.776 E 11 39.891 |
| 03 | Saalburg | D-07929 | N 50 30.176 E 11 44.035 |
| 04 | Abzweigung L1101 | - | N 50 32.585 E 11 46.356 |
| 05 | T-Kreuzung L2357 | - | N 50 33.288 E 11 44.017 |
| 06 | Burgk | D-07907 | N 50 33.375 E 11 43.170 |
| 07 | Crispendorf | D-07924 | N 50 35.434 E 11 43.768 |
| 08 | Ziegenrück | D-07924 | N 50 36.440 E 11 38.942 |
| 09 | Liebschütz | D-07368 | N 50 34.344 E 11 38.719 |
| 10 | Hohenwarte | D-07338 | N 50 36.935 E 11 29.451 |
| 11 | Kaulsdorf | D-07338 | N 50 36.985 E 11 25.775 |
| 12 | Saalfeld | D-07318 | N 50 39.510 E 11 22.925 |
| 13 | Rudolstadt | D-07407 | N 50 43.362 E 11 20.975 |
| 14 | Jena/Göschwitz | D-07745 | N 50 52.424 E 11 35.776 |
| 15 | Jena | D-07743 | N 50 55.843 E 11 35.545 |
| 16 | Camburg | D-07774 | N 51 03.307 E 11 42.314 |
| 17 | Kleinheringen | D-06628 | N 51 06.477 E 11 39.933 |
| 18 | Bad Kösen | D-06628 | N 51 08.146 E 11 43.144 |
| E | Naumburg | D-06618 | N 51 09.004 E 11 48.250 |

Die Tabelle enthält die wichtigsten Stationen der Route – ggf. wurden Orte weggelassen oder zur exakteren Navigation ergänzt; Referenzsystem der GPS-Koordinaten: WGS84

1
*6 km*
L1095

## Von Bad Lobenstein 6 km auf der L1095 in Richtung Schönbrunn/Schleiz bis hinter Ebersdorf fahren.

***Strecke:*** *Die Landstraße windet sich durch den Naturpark Thüringer Schiefergebirge-Obere Saale.*

**Restaurant- und Hotel-Tipp:** Das Motorrad-Hotel Zur Krone in Ebersdorf bietet günstige Wochenendpauschalen für Biker an. Thüringer Klöße, Bikerstammtisch und Sauna inklusive.

Hotel-Gasthof Zur Krone, Krankenhausstraße 2, 07929 Saalburg-Ebersdorf, Tel. 03 66 51/87 41, www.zurkrone-ebersdorf.de €

Die Saaleschleife bei Ebersdorf.

2
*7 km*
L1095

## An der Straßenkreuzung hinter Ebersdorf rechts abbiegen, 7 km auf der L1095 bis Saalburg.

***Strecke:*** *Kurz vor Saalburg überqueren wir die Bleiloch-Talsperre.*

**Info:** Die zur Bleiloch-Talsperre aufgestaute Saale (früher wurde hier Blei abgebaut – daher der Name) kann man von Saalburg aus mit dem Schiff erkunden. Die beschauliche Fahrt zu den eindrucksvollen Saaleschleifen dauert ungefähr eine Stunde.

Fahrgastschifffahrt Saalburg, Am Torbogen 1, 07929 Saalburg, Tel. 03 66 47/222 50, www.saalburg.de

Die schönsten Alleen gibt es in Thüringen.

3
*6 km*
L1095

**In Saalburg an der Kulmer Straße links abbiegen. Weiter auf der L1095 Richtung Schleiz und 6 km über Gräfenwarth bis zur Abzweigung nach Burgk.**

***Strecke:*** *Die gut ausgebaute Straße schwingt über dem Ostufer der Bleiloch-Talsperre und bietet herrliche Ausblicke auf den See.*

**Info:** Vor Gräfenwarth versteckt sich unmittelbar an der Straße eine geologische Kostbarkeit: die Steinerne Rose. Der etwa mannshohe Fels aus dem Vulkangestein Diabas hat durch Verwitterung die Form einer Rose erhalten. Da die Stelle in einer unübersichtlichen Kurve liegt, sollte man vorsichtshalber einen kurzen Fußweg einplanen.

4
*4 km*
L1101

**Auf freier Strecke links abbiegen und 4 km auf der L1101 in Richtung Schloss Burgk fahren.**

***Strecke:*** *Schmale Landstraße über eine Hochfläche.*

5
*2 km*
L2357
–

**An der T-Kreuzung mit der L2357 links, dann gleich rechts halten und 2 km bis Schloss Burgk.**

6
*6 km*
–

## Am Ortseingang von Burgk scharf rechts und 6 km über Grochwitz nach Crispendorf.

***Strecke:*** *Auf schmalen Straßen über der Saale flussabwärts.*

**Info:** Über einer besonders engen Flussbiegung thront auf einem schmalen Felsgrat eine der schönsten Burgen Thüringens: Schloss Burgk. Das fast 400 Jahre alte Barockschloss kann nur über eine Zugbrücke erreicht werden. Die ganze Pracht dieses Zeitalters entfaltet sich in den Wohnräumen und in der reich geschmückten Kapelle mit einer Orgel des berühmten sächsischen Orgelbaumeisters Gottfried Silbermann. Der beeindruckendste Platz auf Schloss Burgk jedoch ist der kleine Park auf dem Felssporn hinter der Burganlage. Steil fallen die Felsen zur Saale ab, ein Pavillon zeugt von der Musikbegeisterung der Fürsten von Reuß. Noch heute wird hier gerne und oft musiziert.

Schloss Burgk, 07907 Burgk/Saale, Tel. 036 63/40 01 19, www.schloss-burgk.de, Apr.–Okt. Di–So 10–17 Uhr, Nov.–März Di–Fr 10–16 Uhr, Sa+So 12–17 Uhr.

7
*8 km*
L1103

## In Crispendorf links abbiegen und 8 km auf der L1103 bis Ziegenrück fahren.

***Strecke:*** *Auf engen Serpentinen hinab ins Saaletal.*

Schloss Burgk vom Park gesehen.

**8** — 5 km — L1102

## Auf Höhe Ziegenrück links auf die L1102 und der Straße 5 km bis Liebschütz folgen.

***Strecke:*** *Über die Saale hinweg, bergauf zur Hochfläche.*

**9** — 20 km — L2366, L2385

## In Liebschütz scharf rechts, 20 km auf der L2366 und L2385 bis zur Staumauer bei Hohenwarte.

TOP TIPP ***Strecke:*** *Traumhafte Motorradstrecke, zuerst kurvenreich über die Hochfläche, dann in Serpentinen hinab zum Stausee Hohenwarte und schließlich windungsreich am Seeufer entlang.*

**Info:** Als Thüringer Meer wird die auf 80 km fünfmal gestaute Saale bezeichnet. Der 27 km lange Hohenwarte-Stausee mit steilen Hängen und malerischen Buchten erfreut sich großer Beliebtheit. Bademöglichkeiten und Strände gibt es auf den Campingplätzen des Sees.

**10** — 5 km — L2384

## An der Einmündung gleich hinter der Staumauer links auf die L2384 abbiegen und über Hohenwarte 5 km bis Kaulsdorf fahren.

***Strecke:*** *Schöne Fahrt am Flussufer der Saale entlang, die nach den Staustufen wieder als richtiger Fluss in Erscheinung tritt.*

Eine gewaltige Sperrmauer staut die Saale zum 27 km langen Hohenwarte-Stausee.

**11**

*11 km*

B85

## In Kaulsdorf links und gleich wieder rechts auf die B85 auffahren, dann 11 km bis Saalfeld.

***Strecke:*** *Die Bundesstraße windet sich durchs Saaletal.*

**Info:** An glanzvolle mittelalterliche Zeiten erinnern in Saalfeld die vier erhaltenen Stadttore, die historische Altstadt und die Burgruine Hoher Schwarm. Ein Boxenstopp mit Stadtbummel empfiehlt sich. Wichtigste Saalfelder Attraktion sind die Feengrotten, ein ehemaliges Alaunschieferbergwerk, das in eine bunte, unterirdische Märchenwelt verwandelt wurde. Ein künstlicher Sonnenaufgang steigert die Wirkung der Stalaktiten- und Stalagmiten-Landschaft. Besucher erfahren auch viel Wissenswertes über den Bergbau und das Leben unter Tage.

Saalfelder Feengrotten, Feengrottenweg 2, 07318 Saalfeld, Tel. 036 71/ 550 40, www.feengrotten.de, Apr.–Okt. Mo–So 9.30–17 Uhr, Nov.–März Mo–So 10.30–15.30 Uhr (Jan. nur Sa+So 10.30– 15.30 Uhr).

**12**

*11 km*

B85

B281

## In Saalfeld rechts auf die Pößnecker Straße (B85) abbiegen. Nach 1 km über die Schlaufe rechts auf die B281/B85 auffahren, dann der Bundesstraße 10 km bis Rudolstadt folgen.

***Strecke:*** *Schnellstraße mit viel Durchgangsverkehr.*

## Tipp: Sormitzblick

**Restaurant- und Hotel-Tipp:** Die Bikerherberge Sormitzblick oberhalb von Leutersberg hat alles, was Motorradfahrer brauchen, und bietet zudem eine leckere, herzhafte Küche. Von Kaulsdorf 8 km auf der B85/B90 in Richtung Bad Lobenstein fahren.

Sormitzblick, Hirschweg 14, 07338 Leutenberg, Tel. 03 67 34/222 48, www.sormitzblick.de €

Im Sormitzblick fließt das Bier aus dem Boxer.

13
*31 km*
B88

**In Rudolstadt rechts, durch den Ort und der Beschilderung nach Weimar und Jena folgen. Dann auf der B88 über Kahla 31 km bis zur A4 bei Jena fahren.**

***Strecke:*** *Bundesstraße durch das hier weite Saaletal.*

**Event-Tipps:** Das legendäre Tanz- und Folklorefestival Rudolstadt findet alljährlich am ersten Wochenende im Juli statt. Auf über 20 Bühnen spielen in der Altstadt, im Heinepark und auf der Heidecksburg populäre und weniger bekannte Bands aus aller Welt einen Stilmix, der von Folklore bis Hip-Hop reicht (www.tff-rudolstadt.de).

Nicht ganz so bekannt, aber nicht minder spektakulär sind die Mittelalterfeste auf der Leuchtenburg bei Kahla. Zu Ostern und in der Walpurgisnacht (30. April) dröhnen die Trommeln und jaulen die Dudelsäcke (www.leuchtenburg.de).

Feucht und fröhlich ist eine Floßfahrt auf der Saale. Die Tour geht von Kirchhasel nach Uhlstädt, etwa 30 km südlich von Jena, und dauert drei Stunden. Buchen kann man das Abenteuer bei der Tourist-Information Uhlstädt-Kirchhasel.

Tourist-Information Uhlstädt-Kirchhasel, Jenaische Straße 90, 07407 Uhlstädt, Tel. 03 67 42/635 34, www.uhlstaedt-kirchhasel.de

14
*7 km*
L2308

**Vor Jena die Auffahrt zur A4 passieren. Auf der L2308 geradeaus 7 km ins Zentrum von Jena.**

**Info:** Jena ist die Boomtown Thüringens und seit der Wende in der DDR blieb die Einwohnerzahl von Jena, im Gegensatz zu vielen anderen ostdeutschen Städten, relativ stabil. Das alte, mitten in der Stadt gelegene Zeiss-Kombinat ist inzwischen ein schickes, multifunktionales Zentrum mit der Einkaufspassage Goethe Galerie und dem Uni-Campus. Attraktionen hat Jena viele. Ganz klassisch kann man das schillersche Gartenhaus besuchen, sich im Optischen Museum über die Wiege der Jenaer Industrie informieren oder sich im Zeiss-Planetarium den Lauf der Planeten und der Sterne erklären lassen.

Schillers Gartenhaus, Schillergäßchen 1, 07743 Jena, Tel. 036 41/93 11 88, Apr.–Okt. Di–So 11–17 Uhr, Nov.–März Di–Sa 11–17 Uhr.

Optisches Museum, Carl-Zeiss-Platz 12 (direkt hinter der Goethe Galerie), 07743 Jena, Tel. 036 41/44 31 65, www.optischesmuseum.de, Di–Fr 10–16.30 Uhr, Sa 11–17 Uhr.

Zeiss-Planetarium, Am Planetarium 5, 07743 Jena, Tel. 03 41/88 54 88, www.planetarium-jena.de

**Restaurant-Tipp:** Überblick bewahren: Im Restaurant Scala genießt man aus 128 m Höhe ebenso hohe Kochkunst und eine tolle Aussicht.

Turmrestaurant Scala im JenTower, Leutragraben 1, 07743 Jena, Tel. 036 41/35 66 66, www.scala-jena.de

Jena modern und klassisch: der kühle JenTower und Schillers heimeliges Gartenhaus.

15
*19 km*
B88

**In Jena-Zentrum auf der jetzt vierspurigen B88 geradeaus und wieder aus der Stadt heraus, 19 km über Dornburg bis Camburg.**

***Strecke:*** *Ruhige Fahrt zwischen schroffen Muschelkalkfelsen und beschaulichen Weingärten durchs abwechslungsreiche Saaletal.*

**Info:** Wie die Zacken einer Krone überstrahlen die drei Dornburger Schlösser die Saalelandschaft. Schon Goethe schätzte ihren Anblick und ihre Anmut, die er in seinen Gedichten verarbeitete. Das klotzig-imposante Alte Schloss (1451–1522), das Renaissanceschloss (1539) und das 1741 errichtete, verspielte Rokokoschloss sowie die in Terrassen angeordneten Gärten strahlen betulichen Charme aus und können im Rahmen einer Führung besichtigt werden.

Dornburger Schlösser, Neustraße 16, 07778 Dornburg, www.dornburg-saale.de, Apr.–Okt. 10–18 Uhr, der Park ist ganzjährig zugänglich.

16
*8 km*
–
L1061

**In Camburg geradeaus und über die Saale hinweg. Nach 0,5 km rechts in die Georgstraße (L1061) einbiegen, dann 7,5 km bis Kleinheringen.**

***Strecke:*** *Auf einer weniger befahrenen Straße weiter durchs Saaletal.*

17
*6 km*
L203

## In Kleinheringen rechts auf die L203 und 6 km über Saaleck bis nach Bad Kösen fahren.

***Strecke:*** *Straße mit schönem Blick auf Felsen und Burgen.*

**Info:** Archaisch wie steinerne Wächter thronen die Burgruinen Rudelsburg und Saaleck an der Grenze zwischen Thüringen und Sachsen-Anhalt. Beide Burgen stammen aus dem 12. Jahrhundert, die Rudelsburg lässt sich auf dem Bike ansteuern, die beiden verbliebenen Rundtürme der Saaleck wollen zu Fuß erforscht werden. Der fantastische Blick ins Saaletal entlohnt aber allemal für den Aufstieg.

Rudelsburg, Burgstraße 33, 06628 Bad Kösen-Saaleck, Tel. 03 44 63/273 25 (Restaurant), www.rudelsburg.com, Jan.–März Di–Fr 10–17 Uhr, Sa+So 10–18 Uhr, Apr.–Dez. Mo–So 10–18 Uhr.

18
*7 km*
B87

## In Bad Kösen rechts auf die B87, der Bundesstraße über die Saale 7 km bis nach Naumburg folgen.

**Info:** Schon 1630 entdeckte man bei Bad Kösen Solequellen. Das 320 m lange und 20 m hohe Gradierwerk diente einst der Erhöhung des Salzgehalts im Wasser und wird heute von den Kurgästen zur Freiluftinhalation genutzt (www.gradierwerk-bad-koesen.de).

Zauberhafte Landschaft: Rudelsburg und Saaleck.

Ein beeindruckendes technisches Denkmal: das Gradierwerk in Bad Kösen, das einst zur Salzanreicherung im Wasser eingesetzt wurde.

12

# Im Wilden Osten

## Vom Schleizer Dreieck durchs Thüringer Vogtland

Ⓐ **Ausgangsort**
Schleiz (D-07907)

Ⓔ **Zielort**
Altenburg (D-04600)

118 km ★★ ★★

**Straßentypen** (in Prozent der Streckenlänge)

60 | 40

■ Landstraße/asphaltierte Nebenstraße
■ Bundesstraße/Schnellstraße

Diese Tour können Sie mit Route 11 kombinieren.

**Thüringer Vogtland Tourismus e. V.**
Schuhgasse 7
D-07937 Zeulenroda-Triebes
Tel. 036 628/824 41
info@thueringen-vogtland.de
www.thueringen-vogtland.de

(→ *weitere Adressen siehe Seite 187*)

**Der Osten ist anders, auch in Thüringen. Die Landschaft wird flacher, der Dialekt breiter, die Schräglagen wilder. Seit den 1920er-Jahren werden auf dem Schleizer Dreieck Motorradrennen ausgetragen, auch heute noch hat die älteste Rennstrecke Deutschlands nichts von ihrer Attraktivität verloren. Umso geruhsamer lässt es sich nach einem heißen Renntag durch die Weiten des östlichen Thüringens touren – mit ganz entspannter Gashand.**

Route 12
Saale-Stausee
L1103
Neundorf
Dreba
Plothener Teiche
Plothen
L2360
Heinrichsruh
Schleiz
Schleizer Dreieck
Top Tipp
Dittersdorf
Tegau
Thüringen
B7
B2
A9
E49
E51
Eisenberg
Pahren
B94
B282
L2349
Talsperre Zeulenroda
BY
Zeulenroda
B175
Neida
Weida
Sachsen
Reußische Fürstenstraße
Meilitz
Gera
L1082
Wünschendorf
Dorna
Weiße Elster
B180
B91
Zeitz
Sachsen-Anhalt
B173
Plauen
E49
B92
Daßlitz
L1081
L1079
Bethenhausen
Neumühle
L2344
L1085
Ronneburg
Frankenau
Hartha
A72
E441
Talsperre Pöhl
Göltzschtalbrücke
Greiz
Mylau
B169
A4
Meuselwitz
B176
E40
L1362
Schmölln
Crimmitschau
Lengenfeld
Altenburg
Pleiße
B93
N
Route
5 km
DEUTSCHLAND
Hamm
Goslar
Magdeburg
Leipzig
Erfurt
Frankfurt
Mainz
Bamberg
TSCHECH. REP.

## Tour-Stationen auf einen Blick

**Tourlänge:** 118 km

| Nr. | Ort | PLZ | GPS-Koordinaten |
|---|---|---|---|
| A | A9 Schleiz | D-07907 | N 50 32.918 E 11 47.913 |
| 02 | Schleiz/Heinrichsruh | D-07907 | N 50 33.097 E 11 48.571 |
| 03 | Schleiz | D-07907 | N 50 34.945 E 11 48.542 |
| 04 | Neundorf | D-07924 | N 50 35.908 E 11 45.945 |
| 05 | Plothen | D-07907 | N 50 38.341 E 11 46.264 |
| 06 | Dittersdorf | D-07907 | N 50 38.660 E 11 49.095 |
| 07 | Zeulenroda | D-07937 | N 50 38.926 E 11 58.709 |
| 08 | Greiz | D-07973 | N 50 39.426 E 12 12.155 |
| 09 | Neumühle | D-07980 | N 50 42.120 E 12 10.622 |
| 10 | Daßlitz | D-07957 | N 50 40.960 E 12 07.756 |

| Nr. | Ort | PLZ | GPS-Koordinaten |
|---|---|---|---|
| 11 | Weida | D-07570 | N 50 47.091 E 12 03.639 |
| 12 | Weida | D-07570 | N 50 47.499 E 12 03.684 |
| 13 | Wünschendorf | D-07570 | N 50 47.748 E 12 05.837 |
| 14 | Meilitz | D-07570 | N 50 49.018 E 12 05.005 |
| 15 | Gera | D-07545 | N 50 51.745 E 12 05.010 |
| 16 | Dorna | D-07554 | N 50 55.135 E 12 08.170 |
| 17 | Frankenau | D-07580 | N 50 55.806 E 12 13.452 |
| 18 | Hartha | D-04626 | N 50 56.366 E 12 14.576 |
| E | Altenburg | D-04600 | N 50 59.037 E 12 25.562 |

Die Tabelle enthält die wichtigsten Stationen der Route – ggf. wurden Orte weggelassen oder zur exakteren Navigation ergänzt; Referenzsystem der GPS-Koordinaten: WGS84

1
*1 km*
B282

Von der A9 in Schleiz abfahren und rechts 1 km auf der B282 bis zur Kreuzung Heinrichsruh fahren.

2
*3 km*
B2

Hier links auf die B2 und der Bundesstraße 3 km bis Schleiz folgen – in den Ort hinein.

***Strecke:*** *Bei Rennveranstaltungen gesperrt.*

TOP TIPP **Event-Tipp:** Das erste Rennen wurde 1923 gefahren. Man sperrte einfach drei Straßen ab und fertig war die Rennstrecke Schleizer Dreieck. In den 50er- und 60er-Jahren war das Schleizer Dreieck Schauplatz internationaler Sportbegegnungen und bei den Motorsportfans in der DDR sehr beliebt. Ein Dreieck ist seit dem Umbau 2004 nicht mehr zu erkennen, die neue Piste entspricht aber mit 3,8 km Länge und weiten Auslaufräumen den Anforderungen für die Sidecar World Championship, die Internationale Deutsche Meisterschaft sowie weiterer Rennveranstaltungen (www.schleizer-dreieck.de).

**Restaurant- und Hotel-Tipp:** Das Hotel Luginsland war einst der beste Tribünenplatz am Schleizer Dreieck und erfreut sich noch heute großer Beliebtheit bei den Motorsportfans. Parkplätze direkt vorm Hotel.
Hotel Luginsland, Heinrichsruh 8, 07907 Schleiz-Heinrichsruh, Tel. 036 63/480 50, www.hotel-luginsland.de €€

Höllisch schnell: MZ-Renner aus den 60er-Jahren.

Familiäre Atmosphäre am Schleizer Dreieck.

**3**
*5 km*
B2
L1103

In Schleiz an der großen Kreuzung geradeaus, noch 0,5 km weiter auf der B2, dann links abbiegen und 4,5 km auf der L1103 bis Neundorf fahren.

**4**
*5 km*
L2360

In Neundorf rechts auf die L2360 abbiegen, dann 5 km bis Plothen.

***Strecke:*** *Alleenstraße parallel zur Autobahn.*

**Info:** Nördlich von Schleiz liegen die Plothener Teiche, eine ebenso idyllische wie ungewöhnliche Kulturlandschaft mit 1 000 Teichen. Sie wurden im Mittelalter von Mönchen zur Karpfenzucht angelegt. Wahrzeichen des Gebiets ist das etwa 300 Jahre alte, im Hausteich gelegene Pfahlhaus. Hier ist ein kleines Museum untergebracht.

**Hotel- und Camping-Tipp:** Die Jugendherberge Am Hausteich liegt traumhaft schön am gleichnamigen Plothener Teich, hat einen Badestrand und bietet Kurse und Führungen zum Thema Umweltschutz. Im Gebiet befindet sich auch ein schöner Campingplatz.

Jugendherberge Am Hausteich, 07907 Plothen, Tel. 03 66 48/223 29, www.plothen.jugendherberge.de €

Campingplatz Plothener Teiche, 07806 Dreba, Tel. 03 64 84/628 60, www.camping-plothener-teiche.de €

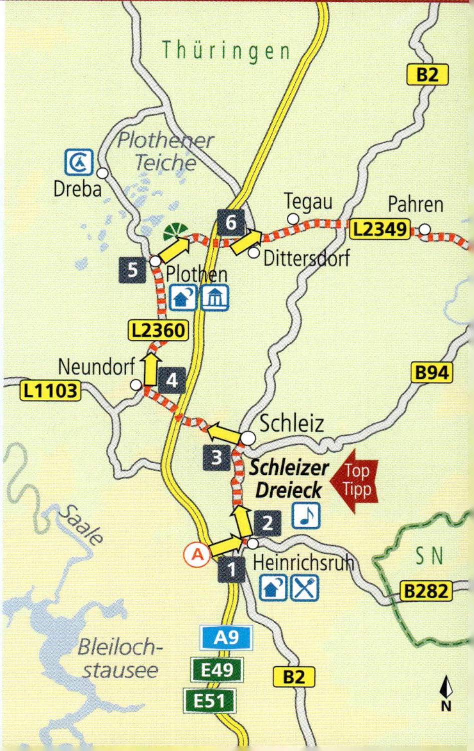

**5**
*4 km*
L2349

## In Plothen rechts abbiegen, 4 km sind es auf der L2349 bis Dittersdorf.

***Strecke:*** *Schmale Landstraße mit Blick auf die Plothener Teiche.*

**6**
*12 km*
L2349

## In Dittersdorf links Richtung A9, dann gleich wieder rechts halten, auf der L2349 bleiben und 12 km über Tegau und Pahren bis Zeulenroda fahren.

***Strecke:*** *Entspanntes Cruisen durchs Thüringer Vogtland.*

**7**
*18 km*
B94

## In Zeulenroda rechts in die Puschkinstraße, nach 0,5 km links auf die B94 abbiegen und der Bundesstraße 17,5 km bis Greiz folgen.

***Strecke:*** *Fahrt über die Reußische Fürstenstraße.*

**Info:** Die Reußische Fürstenstraße führt von Bad Lobenstein über Schleiz zu den zahlreichen Hinterlassenschaften des Fürstengeschlechts Reuß, das im thüringischen Vogtland herrschte. Ihre Fürstentümer gingen erst 1920 im Lande Thüringen auf. Die Ferienstraße endet nach 110 km in Köstritz nördlich von Gera.

Oldtimer trifft Youngtimer.

Blick auf die alte Residenzstadt Greiz.

**8**

*7 km*

B94
L2344

**Am Kreisel in Greiz die 2. Ausfahrt nehmen und auf der B94 über die Elster. Nach 0,5 km links Richtung Neumühle abbiegen, dann nochmals links und 6,5 km auf der L2344 bis Neumühle.**

***Strecke:*** *Durchs schöne Tal der Weißen Elster und über den Hohen Ries.*

**Info:** »Perle des Vogtlands« wird das schmucke Städtchen Greiz auch genannt. Es liegt im engen, bewaldeten Flusstal der Weißen Elster und war eine der reußischen Residenzen. Da es zwei Linien des Fürstengeschlechtes gab, errichteten sie in Greiz gleich zwei Schlösser, das Obere und Untere Schloss. Berühmt sind auch die Stadtkirche und der Greizer Park. Das Sommerpalais im Greizer Park beherbergt die reußische Bücher- und Kupferstichsammlung sowie eine bedeutende Sammlung von Karikaturen der DDR, das Satiricum (www.greiz.de).
Staatliche Bücher- und Kupferstichsammlung Greiz, Sommerpalais im Greizer Park, 07961 Greiz, Tel. 036 61/705 80, www.sommerpalais-greiz.de, Apr.–Sept. Di–So 10–17 Uhr, Okt.–März Di–So 10–16 Uhr.

**Restaurant-Tipp:** Bis zu 36 Sorten Bier aus Thüringen und anderen Regionen kann man im Greizer Zapfwerk probieren. Extra große Schnitzel und Steaks sorgen für die richtige Grundlage.
Zapfwerk I/3, Zeulenrodaer Straße 6, 07973 Greiz, Tel. 036 61/629 20, www.zapfwerk.com

## A Göltzschtalbrücke

**Info:** Zwischen Greiz und Mylau überspannt die weltgrößte Ziegelsteinbrücke das Göltzschtal. Von 1846 bis 1851 wurden für das viergeschossige, 574 m lange und 78 m hohe Viadukt 26 Millionen Steine verbaut. Vom Kreisverkehr in Greiz auf die B92 Richtung Plauen, nach 1,5 km links und 6 km durchs Göltzschtal bis zur Brücke fahren.

Die Göltzschtalbrücke ist über 150 Jahre alt.

**9**
*5 km*
L1085

**In Neumühle an der Elster links abbiegen und 5 km auf der L1085 bis zur B92 in Daßlitz fahren.**

**Event-Tipp:** Jedes Jahr im Mai treffen sich in Neumühle über 200 zwei- und vierrädrige Oldtimer. Auf der 3 km langen Strecke am Hohen Ries zeigen die Piloten ihr Können (www.neumuehle-elster.de).

**10**
*13 km*
B92

**In Daßlitz rechts auf die B92 abbiegen und der Bundesstraße 13 km bis Weida folgen.**

***Strecke:*** *Flottere Gangart auf der Bundesstraße ohne Ortsdurchfahrten.*

**11**
*1 km*
B92

**In Weida auf der B92 bleiben, hinter der Bahnunterführung rechts auf die B92 Richtung Gera abbiegen, dann 1 km bis zum Abzweig nach Wünschendorf.**

**Info:** Schon von Weitem grüßt bei Weida die trutzige, im 12. Jahrhundert erbaute Osterburg, Stammsitz aller Reußen. Vom vor Kraft nur so strotzenden, 54 m hohen Bergfried mit seinen mehr als 5 m dicken Mauern hat man einen wunderbaren Blick ins Land.

Osterburg Weida, Schlossberg 14, 07570 Weida, Tel. 03 66 03/627 75, www.osterburg-vogtland.eu, Apr.–Okt. Di–So 10–18 Uhr, Nov.–März Di–So 10–16 Uhr.

**12**
*2 km*
–

**Hier rechts abbiegen und über Mildenfurth 2 km bis nach Wünschendorf fahren.**

**Restaurant-Tipp:** Direkt an der Weißen Elster im Wünschendorfer Ortsteil Cronschwitz liegt der Klosterhof, ein beliebtes Ausflugslokal. Hier kann man auch Boote für eine Paddeltour mieten.

Gasthaus zum Klosterhof, Cronschwitz 12, 07570 Wünschendorf, Tel. 03 66 03/877 95.

**13**
*3 km*
L2330
L1082

**In Wünschendorf nach der Elsterbrücke rechts der Weidaer Straße (L2330) durchs Ortszentrum folgen, nach 0,5 km links in die Bahnhofstraße (L1082) und 2,5 km bis nach Meilitz fahren.**

**Info:** In Wünschendorf existierte schon immer eine Furt durch die Weiße Elster. Seit 1786 überquert man den Fluss auf einer 70 m langen, überdachten Holzbrücke – einzigartig in der Mitte Deutschlands! Sehenswert ist auch die Pfarrkirche St. Veit im Ortsteil Veitsberg mit ihrem spätgotischen Flügelaltar und einem überlebensgroßen Kruzifix.

**14**
*6 km*
–
B92

**In Meilitz links 1 km bis zur B92, hier rechts und der Bundesstraße 5 km in Richtung Gera folgen.**

Die Pfarrkirche St. Veit in Wünschendorf ist auch von innen sehenswert.

15
*10 km*
–
B2

In Gera nach der Elsterbrücke geradeaus und 4,5 km dem Stadtring Süd-Ost folgen. An der großen Kreuzung weiter geradeaus und 5,5 km auf der B2 über die A4 hinweg bis zur Abfahrt Dorna fahren.

*Strecke: Weiträumige Umfahrung von Gera mit recht viel Verkehr.*

**Info:** Residenz der Reußen war auch Gera, die zweitgrößte Stadt Thüringens. Nur der Bergfried ihres Schlosses ist heute noch zu sehen. In Gera dominieren die »blühenden Landschaften« in Form weiträumiger Gewerbegebiete, während die kulturellen Reize der Stadt eher im Verborgenen blühen. Das sehenswerte Geburtshaus des berühmten, in Gera geborenen Malers und Grafikers Otto Dix (1891–1969) zeigt eine Reihe seiner realistischen und zeitkritischen Bilder.

Otto Dix Haus, Mohrenplatz 4, 07548 Gera, Tel. 03 65/838 42 50, www.kunstsammlung-gera.de, Di 13–20 Uhr, Mi–Fr 10–17 Uhr, Sa+So 11–18 Uhr.

**Restaurant-Tipp:** Das Ausflugslokal Schloss Osterstein im Stadtteil Untermhaus direkt am Schloss kann mit dem Motorrad angesteuert werden und bietet vom Biergarten aus einen sehr schönen Blick auf die Stadt und das Gelände der Bundesgartenschau von 2007.

Ausflugsgaststätte Schloss Osterstein, 07548 Gera-Untermhaus, Tel. 0365/832 12 31, www.schloss-osterstein.com

## Tipp: Pentahotel

**Info:** Wer in Gera Station machen und dabei mit allem Komfort übernachten will, sollte sich das Pentahotel ansehen. Das moderne Stadthotel liegt zentral, bietet einen Fitnessbereich und ein leckeres Frühstücksbuffet. Tiefgaragenplätze sind in ausreichender Stückzahl vorhanden.

Penta Hotel Gera, Gutenbergstraße 2a, 07548 Gera, Tel. 03 65/29 090, www.pentahotels.com €€

16
*6 km*
L1079

Rechts abfahren, durch den Kreisel (3. Ausfahrt) und 6 km auf der L1079 bis hinter Bethenhausen.

17
*3 km*
–

An der Kreuzung hinter Bethenhausen geradeaus und 1 km bis Frankenau, hier links, 2 km bis Hartha.

***Strecke:*** *Kleine, gemütliche Straße abseits der großen Verkehrsströme.*

18
*14 km*
L1362

In Hartha rechts auf die L1362. Bis nach Altenburg, Endstation der Tour, sind es 14 km.

**Info:** Schloss Altenburg – im 12. Jahrhundert Kaiserpfalz – zählt zu den Attraktionen Altenburgs. Anfang des 19. Jahrhunderts wurde in der Stadt zudem das Kartenspiel Skat erfunden. Erlebenswert sind das Spielkartenmuseum und die vielen gemütlichen Skatkneipen.

Schloss- und Spielkartenmuseum Altenburg, Schloss 2–4, 04600 Altenburg, Tel. 034 47/51 27 12, www.altenburg.eu, Di–So 9.30–17 Uhr.

**Restaurant- und Hotel-Tipp:** Im urigen Riebeck-Bräu-Stübl in Altenburg genießt man regionale Hausmannskost. Zur Kneipe gehört das Hotel am Rossplan mit schönen Zimmern und Tiefgarage.

E

Riebeck-Bräu-Stübl + Hotel am Rossplan, Rossplan 8, 04600 Altenburg, Tel. 034 47/566 10, www.hotel-rossplan.com €€

Fürstlicher Prunk: der eindrucksvolle Festsaal im Schloss Altenburg.

# 13 Offene Weite

## Von der Fränkischen Saale zur Hochrhön

Ⓐ **Ausgangsort**
Hammelburg (D-97762)

Ⓔ **Zielort**
Hammelburg (D-97762)

172 km ★★★★ ★★★★

**Straßentypen** (in Prozent der Streckenlänge)

50 | 50

- Landstraße/asphaltierte Nebenstraße
- Bundesstraße/Schnellstraße

Diese Tour können Sie mit Route 10 kombinieren.

**Tourist-Infozentrum-Rhön**
Rhönstraße 97
D-97772 Wildflecken-Oberbach
Tel. 097 49/912 20
tourismus@info-rhoen-saale.de
www.rhoen.de

(➔ *weitere Adressen siehe Seite 187*)

**Die karge Schönheit der Hochflächen und die üppige Einsamkeit der weiten Waldgebiete machen diese Tour zu einem besonderen Erlebnis. Abwechslungs- und kurvenreich, leider auf teilweise schlechten Straßen, fordert sie von Anfängern und Wiedereinsteigern Konzentration und Kondition. Doch die unvergleichliche Landschaft, die abgeschiedenen Orte und nicht zuletzt die vielen angenehmen Gasthäuser sorgen auch für Entspannung.**

Route 13
Morlesau
Bad Brückenau
19
18
B27
A7
E45
1
E
A
Hammelburg
B287
Sinn
Riedenberg
St2289
Wildflecken
H o h e
Fulda
B279
L3330
15
Poppenhausen
16
Gersfeld (Rhön)
L3307
Sieblos
Abtsroda
Wasserkuppe
14
Top Tipp
950
L3068
B284
Oberweißen-brunn
17
Kloster Kreuzberg
Kreuzberg
928
Naturpark
Bayerische
Rhön
B286
13
12
B458
Haune
Hessen
Ulster
B278
Wüstensachsen
11
Seiferts
R h ö n
Bischofsheim
Fränkische Saale
Euerdorf
2
Bayern
B286
Bad Kissingen
St2292
Bad Bocklet
Steinach
3
B287
St2288
L2287
B279
10
Schwarzes Moor
9
Hochrhön-straße
Rother Kuppe
711
Roth
Thüringen
Oberelsbach
Fladungen
Stetten
Leuters-hausen
B19
Hohenroth
4
Münnerstadt
Bad Neustadt a.d. Saale
Salzburg
A71
St2292
St2286
Wechters-winkel
Bastheim
5
6
7
8
B285
Nordheim vor der Rhön
Fränkisches Freilichtmuseum Fladungen
Ostheim vor der Rhön
Mellrichstadt
St2292
B285
N
Route
5 km
DEUTSCHLAND
Hamm
Goslar
Magdeburg
Leipzig
Erfurt
Frankfurt
Mainz
Bamberg
TSCHECH. REP.

## Tour-Stationen auf einen Blick

**Tourlänge:** 172 km

| Nr. | Ort | PLZ | GPS-Koordinaten |
|---|---|---|---|
| A | Hammelburg | D-97762 | N 50 06.648 E 09 54.643 |
| 02 | Bad Kissingen | D-97688 | N 50 11.313 E 10 04.295 |
| 03 | Steinach | D-97708 | N 50 17.130 E 10 05.738 |
| 04 | Bad Neustadt | D-97616 | N 50 18.797 E 10 11.543 |
| 05 | Wechterswinkel | D-97654 | N 50 23.642 E 10 12.937 |
| 06 | Abzweig Ostheim | - | N 50 25.520 E 10 14.729 |
| 07 | Ostheim | D-97654 | N 50 27.502 E 10 14.114 |
| 08 | Nordheim | D-97647 | N 50 28.823 E 10 10.782 |
| 09 | Hochrhönstraße | - | N 50 29.368 E 10 03.810 |
| 10 | Schwarzes Moor | - | N 50 31.410 E 10 04.325 |

| Nr. | Ort | PLZ | GPS-Koordinaten |
|---|---|---|---|
| 11 | Seiferts | D-36115 | N 50 31.583 E 10 00.860 |
| 12 | Wüstensachsen | D-36115 | N 50 29.553 E 09 59.664 |
| 13 | Abzweig Wasserkuppe | - | N 50 29.071 E 09 57.708 |
| 14 | Abtsroda | D-36163 | N 50 30.560 E 09 55.637 |
| 15 | Poppenhausen | D-36163 | N 50 29.295 E 09 52.022 |
| 16 | Gersfeld | D-36129 | N 50 27.323 E 09 53.621 |
| 17 | Oberweißenbrunn | D-97653 | N 50 24.653 E 09 56.801 |
| 18 | Riedenberg | D-97769 | N 50 18.923 E 09 50.226 |
| 19 | Bad Brückenau | D-97769 | N 50 18.327 E 09 46.866 |
| E | Hammelburg | D-97762 | N 50 06.648 E 09 54.643 |

Die Tabelle enthält die wichtigsten Stationen der Route – ggf. wurden Orte weggelassen oder zur exakteren Navigation ergänzt; Referenzsystem der GPS-Koordinaten: WGS84

1
*20 km*
B287

Ⓐ

Von Hammelburg auf der B287 zur A7. Unter der Autobahn hindurch der Bundesstraße 20 km über Euerdorf in Richtung Bad Kissingen folgen.

**Strecke:** *Gleich zum Auftakt ein paar Kurven auf der Bundesstraße.*

2
*16 km*
B286
St2292

Vor Bad Kissingen in einer Schleife zur B286 und links Richtung Bad Neustadt abbiegen. Jetzt auf dem Stadtring immer geradeaus und 16 km auf der St2292 über Bad Bocklet bis nach Steinach.

**Strecke:** *Auf belebten Straßen durch Bad Kissingen.*

**Info:** Auf eine über 400-jährige Tradition als Kurort blickt Bad Kissingen zurück. Einst entspannte und verlustierte sich hier der europäische Hochadel, und auch der alte Reichskanzler Otto von Bismarck zählte schon zu den Badegästen. Prachtvolle Bauten erinnern an alte Glanzzeiten, allen voran der schöne barocke Regentenbau – Wahrzeichen der Stadt, – aber auch der 200 m lange, im Stil der florentinischen Frührenaissance errichtete Arkadenbau, das Luitpold-Casino oder das Kurtheater im Jugendstil (www.bad-kissingen.de).

### Tipp: Weinstadt Hammelburg

**Info:** Hammelburg rühmt sich damit, älteste Weinstadt Frankens zu sein. Die schöne Altstadt erkundet man am besten im Rahmen einer geführten Tour, in der man vieles über die Bedeutung des Weines für den Ort erfährt.

Führungen mit Anmeldung, Tourist-Info Hammelburg, Kirchgasse 4, 97762 Hammelburg, Tel. 097 32/90 24 30, www.hammelburg.de

Weites Land an der Rhön.

3
*10 km*
St2292

## In Steinach rechts, weiterhin der St2292 Richtung Bad Neustadt folgen und 10 km bis zur B19.

***Strecke:** Durch eine herrliche Flussaue folgen wir den Windungen der Fränkischen Saale.*

**Info:** Im Hochseilgarten in Leutershausen bei Bad Neustadt können waghalsige Biker ihre Nerven testen. Ein aufregendes Abenteuer und grenzenloser Spaß in luftiger Höhe 9 m über dem Boden. Teilnahme für Gruppen und Einzelpersonen nur mit telefonischer Voranmeldung.
Point Aktiv Hochseilparcours, Querbachshöfer Straße, 97618 Leutershausen/Hohenroth, Tel. 08 00/099 64 04, www.point-aktiv.de

4
*11 km*
B19
St2292
St2286

## Vor Bad Neustadt links auf die B19 und in die Stadt, dann 11 km weiter geradeaus auf der St2292/St2286 Richtung Oberelsbach.

**Event-Tipp:** Jedes zweite Jahr im Mai wird im romantischen Burghof der Salzburg über Bad Neustadt, einer der mächtigsten Burganlagen Deutschlands, ein aufwendiges Kulturspektakel geboten. Zur klassischen Musik der Tenöre, Soubretten, Konzertchöre und Symphonieorchester kann man sich auch an kulinarischen Genüssen erfreuen. Nächster Termin ist Mai 2011 (www.salzburg-klassiker.de).

5

*5 km*

St2292

## Zwischen Wechterswinkel und Bastheim rechts Richtung Mellrichstadt abbiegen, dann 5 km auf der St2292 bis zum Abzweig nach Ostheim fahren.

***Strecke:*** *Schwungvolle Fahrt durch den Naturpark Bayerische Rhön.*

**Restaurant- und Hotel-Tipp:** Im Hotel Sturm in Mellrichstadt, nur wenige Kilometer abseits der Route, gibt es alles, was das Bikerherz begehrt – sogar eine Harley zum Ausleihen für eine Tagestour. Abgerundet wird das Angebot durch einen Biergarten und Grillplatz, einen Garten mit Badeteich sowie Unterstellmöglichkeiten fürs Bike.

Hotel Sturm, Ignaz-Reder-Straße 3, 97638 Mellrichstadt, Tel. 097 76/818 00, www.hotel-sturm.com €€

6

*4 km*

–

## Hier links abbiegen und 4 km auf kleiner Straße bis nach Ostheim vor der Rhön – in den Ort.

**Info:** St. Michael in Ostheim vor der Rhön gilt als die besterhaltene Kirchenburg Mitteleuropas. Eine doppelte Wehrmauer mit vier 25 m hohen Ecktürmen umgibt das Gotteshaus aus dem 15. Jahrhundert. Kirche und Kirchenburg sind tagsüber frei zugänglich.

Kirchenburg-Ostheim, Kirchstraße, 97645 Ostheim, Tel. 097 77/18 50.

Trutzig ragen die Wehrtürme der Kirchenburg St. Michael in Ostheim in den Himmel.

7
*5 km*
B285

## In Ostheim links auf die Paulinenstraße (B285) und durch den Ort, dann 5 km bis nach Nordheim fahren.

***Strecke:*** *Geradewegs durch Felder und Auen.*

**Info:** Auf dem über 12 ha großen Gelände des Fränkischen Freilandmuseums Fladungen nördlich von Nordheim stehen neben acht bäuerlichen Höfen und Taglöhnerhäusern auch typische historische Gemeindebauten wie Kirche, Dorfwirtshaus und Gemeindebrauhaus. An manchen Sonntagen von Mai bis Anfang Oktober verkehrt zwischen Fladungen und Mellrichstadt das dampfbetriebene Rhönzügle.
Fränkisches Freilandmuseum Fladungen, Bahnhofstraße 19, 97650 Fladungen, Tel. 097 78/912 30, www.freilandmuseum-fladungen.de, Apr.–Okt. Mo–So 9–18 Uhr.

8
*11 km*
–

## In Nordheim durch den Ort bis zur Stettener Straße, hier links und 11 km auf kleiner Straße über Stetten und Roth bis zur Hochrhönstraße.

***Strecke:*** *Fetziger Kurvenreigen über die 711 m hohe Rother Kuppe.*

**Info:** Eine steile Auffahrt führt zur ganzjährig geöffneten Gaststätte auf der Rother Kuppe. Vom Aussichtsturm blickt man rundum auf Lange Rhön, Thüringer Rhön, Thüringer Wald und ins Grabfeld.
Wanderheim mit Aussichtsturm, Rother Kuppe 1, 97647 Hausen, Tel. 097 79/85 02 35.

Das Rhönmuseum in Fladungen erzählt vom rauen Leben in karger Landschaft.

9
*4 km*
St2288

**Jetzt rechts auf die Hochrhönstraße (St2288) und 4 km bis zum Parkplatz Schwarzes Moor fahren.**

***Strecke:*** *Die Hochrhönstraße führt hier durch das Naturschutzgebiet Lange Rhön und am Schwarzen Moor vorbei.*

**Info:** Der Sage nach soll ein Dorf, dessen Einwohner in ständiger Sünde lebten, vom Schwarzen Moor komplett verschlungen worden sein. An dunkle Zeiten erinnert auch der steinerne Torbogen des ehemaligen Reichsarbeitsdienstlagers Hochrhön, das sich zu Nazizeiten hier befand. Vom Parkplatz mit einem neuen Informationszentrum führt ein 3 km langer Bohlensteg ins Moor, von dem aus botanische Schätze wie Sonnentau und Trollblumen zu entdecken sind. Dazwischen glänzen kleine, schwarze Tümpel, »Mooraugen« genannt.

10
*7 km*
L2287

**Am Schwarzen Moor links abbiegen und 7 km auf der L2287 bis nach Seiferts.**

***Strecke:*** *In großen Bögen über die weite Landschaft der Langen Rhön.*

11
*5 km*
B278

**In Seiferts links auf die B278, der Bundesstraße 5 km bis hinter Wüstensachsen folgen.**

Im Fahrtwind der Freiheit: einsames Cruisen über die wilden Höhen der Langen Rhön.

**12**
*4 km*
B284

Hinter Wüstensachsen rechts auf die B284, dann 4 km bis zur Abzweigung Richtung Wasserkuppe.

***Strecke:*** *Schwungvoll schrauben wir uns bergauf.*

**13**
*5 km*
L3068

Jetzt rechts, auf der L3068 sind es 2 km bis zur Wasserkuppe und weitere 3 km bis Abtsroda.

***Strecke:*** *Fahrt mit weiten Panoramablicken auf dem gut ausgebauten Hochrhönring über die Wasserkuppe.*

TOP TIPP **Info:** Die 950 m hohe Wasserkuppe ist der höchste Berg der Rhön und lässt das Herz vieler Segelflieger höherschlagen, die hier an schönen Tagen ihrem Hobby nachgehen. Dem Segelflug ist ein kleines, interessantes Museum gewidmet. Auch Biker kommen in Scharen, um die Flieger zu beobachten oder Benzingespräche zu führen.

Deutsches Segelflugmuseum, Wasserkuppe 2, 36129 Gersfeld, Tel. 066 54/77 37, www.segelflugmuseum.de, Apr.–Okt. 9–17 Uhr, Nov.–März 10–16.30 Uhr.

**Event-Tipp:** Beim »Harley-Davidson Friendship Ride« im August treffen sich Biker für einen gemeinnützigen Zweck und haben viel Spaß dabei: Geboten werden Ballonfahrten, Rundflüge, eine Oldtimershow und natürlich die große Parade (www.friendship-ride-germany.de).

Dorado für Segelflieger: die Wasserkuppe.

Abendstimmung am höchsten Berg der Rhön.

**14** *6 km* L3307

In Abtsroda links abbiegen, 6 km auf der L3307 über Sieblos nach Poppenhausen – durch den Ort.

***Strecke:*** *Im Sinkflug geht es wieder abwärts.*

**15** *6 km* L3330

Am Ortsende von Poppenhausen links, 6 km auf der L3330 Richtung Gersfeld bis zur B279 fahren.

***Strecke:*** *Fahrspaß steil bergab – mit vielen Kurven!*

**Restaurant- und Hotel-Tipp:** Von Poppenhausen aus sind viele Ziele in der Rhön gut erreichbar – ein idealer Ort also für längere Aufenthalte. Gemütlich übernachten kann man im Goldenen Stern. Das Haus bietet keine spezielle Ausstattung für Biker, was jedoch durch fränkische Herzlichkeit und Gastfreundschaft wettgemacht wird. Das Restaurant serviert Deftiges, Salate, Fisch und fränkische Spezialitäten.

Landgasthof Goldener Stern, Hauptstraße 22, 97490 Poppenhausen,
Tel. 097 25/710 70, www.stern-poppenhausen.de €

**16** *7 km* B279

Jetzt links auf die B279, durch Gersfeld fahren und der Bundesstraße 7 km Richtung Wildflecken bis Oberweißenbrunn folgen.

17
*15 km*
St2289

**Bei Oberweißenbrunn rechts auf die St2289 abbiegen und 15 km über Wildflecken bis zur Einmündung auf die B286 hinter Riedenberg fahren.**

***Strecke:*** *Gut ausgebaute, schnelle Straße ohne Ortsdurchfahrten.*

**Info:** Nach 3 km zweigt links der 6 km lange Weg zum 1644 gegründeten Franziskanerkloster Kreuzberg ab. Vom Gipfel des Kreuzbergs genießt man eine herrliche Aussicht. Die 928 m hohe Erhebung gilt seit der Missionierung der Franken durch den irischen Wanderbischof St. Kilian im Jahre 686 als heiliger Berg der Franken. Noch heute finden jedes Jahr Wallfahrten zum Gipfel statt. Ein Kreuzweg führt hinauf zu den drei Golgotha-Kreuzen, den Wahrzeichen des Berges.

**Restaurant- und Hotel-Tipp:** Gute Luft, viel Natur und gutes Bier – ein Dreiklang, der viele Besucher begeistert. Vor allem das süffige Klosterbier, gebraut in der seit 1731 bestehenden Klosterbrauerei, zählt heute zu den Hauptattraktionen des Kreuzbergs. Die Klosterwirtschaft ist zudem bekannt für ihre deftige Küche. Weniger bekannt ist, dass man in der Kloster-Pension auch günstig übernachten kann.

Kloster Kreuzberg, Kreuzberg 2, 97653 Bischofsheim-Kreuzberg, Tel. 0 97 72/912 40, www.kreuzbergbier.de €

Nicht nur die Religion, auch profane Gemütlichkeit und Bier locken Besucher auf den Kreuzberg.

18
*5 km*
B286
B27

Jetzt rechts auf die B286 auffahren und 5 km bis Bad Brückenau. Am Gewerbegebiet und Stadtkern – später auf der B27 – vorbeifahren.

19
*26 km*
B27

Am Ortsende von Bad Brückenau an der Bahnhofstraße links – wir bleiben auf der B27 – abbiegen, dann 26 km zurück nach Hammelburg.

***Strecke:*** *Landschaftlich schöner Schlussakkord durch den waldreichen Naturpark Bayerische Rhön mit einigen Kurvenpartien.*

**Restaurant- und Hotel-Tipp:** Bestens untergebracht sind Biker im Hotel-Gasthof Nöth, im westlich von Hammelburg gelegenen Morlesau. Der Chef des Hauses, Harald Spath, fährt selbst Motorrad, seine Passion ist der Rennsport mit klassischen Maschinen. Gerne nimmt er seine Gäste mit auf Tour durch entlegene Winkel der Rhön und verwöhnt sie anschließend mit frischer, fränkischer Küche.

E Hotel-Gasthof Nöth, Morlesauer Straße 3+6, 97762 Hammelburg-Morlesau, Tel. 093 57/479, www.hotel-noeth.de €

# Ein bisschen Meer erleben

## Am Edersee und im Nationalpark Kellerwald

14

# ROUTE 14 Waldecker Land – Ein bisschen Meer erleben

**Ⓐ Ausgangsort**
Korbach (D-34497)

**Ⓔ Zielort**
Korbach (D-34497)

144 km ★★★★ ★★★

**Straßentypen** (in Prozent der Streckenlänge)

80 | 20

■ Landstraße/asphaltierte Nebenstraße
■ Bundesstraße/Schnellstraße

Diese Tour können Sie mit Route 1 kombirieren.

**Edersee Touristic GmbH**
Hemfurther Str. 10
D-34549 Edertal-Affoldern
Tel. 056 23/999 80
edersee-info@t-online.de
www.edersee.com

(→ *weitere Adressen siehe Seite 187*)

**Der paradiesische Edersee dominiert die Region zwischen dem Waldecker Land und dem Wildunger Bergland und ist zugleich Höhepunkt der letzten Tour dieses Buches. »Ein bisschen Meer erleben« lautet der Slogan der Ferienregion Edersee und tatsächlich erinnert so manche Uferstrecke an mediterrane Küstenstraßen. Auf herrlich zu fahrenden Bergstrecken gelangt man vom See zum märchenhaften Kellerwald und vielen reizvollen Sehenswürdigkeiten.**

Route 14
DEUTSCHLAND
Hamm
Goslar
Magdeburg
Leipzig
Erfurt
Frankfurt
Mainz
Bamberg
TSCHECH. REP.
Korbach
K25
B251
B252
B485
Naumburg
Niedenstein
Baunatal
Deutsche Fachwerkstraße
Nieder-Werbe
Werbe
Aar
Vöhl
L3084
Waldeck
Herzhausen
Top Tipp
Eder-stausee
Hemfurth-Edersee
L3086
Mehlen
Giflitz
Raben-stein
439
Hessen
Ems
Elbe
Gudensberg
B254
Orke
Medelon
Nordrhein-
Westfalen
Lichtenfels
Nationalpark
Kellerwald-
Edersee
Quernst
566
L3332
Sachsenberg
Nuhne
Gellershausen
Homberg
518
Bad Wildungen
Eder
Fritzlar
Hallenberg
Reinhards-hausen
Hüddingen
L3076
Scheufra
B253
Braunau
Hundsdorf
Löhlbach
B236
L3073
Frankenberg
B485
B3
Schwalm
L3077
Besucher-bergwerk
Bergfreiheit
A49
Haina
L3296
Hochsauerland
Attenberg
Dodenhausen
Herbelhausen
Rosenthal
N
Route
5 km

## Tour-Stationen auf einen Blick

**Tourlänge:** 144 km

| Nr. | Ort | PLZ | GPS-Koordinaten |
|---|---|---|---|
| (A) | Korbach | D-34497 | N 51 16.159 E 08 52.675 |
| 02 | Herzhausen | D-34516 | N 51 11.054 E 08 53.596 |
| 03 | Nieder-Werbe | D-34513 | N 51 12.432 E 09 00.342 |
| 04 | Mehlen | D-34549 | N 51 09.822 E 09 06.346 |
| 05 | Giflitz | D-34549 | N 51 09.284 E 09 07.229 |
| 06 | Gellershausen | D-34549 | N 51 07.729 E 09 00.877 |
| 07 | Hundsdorf | D-34537 | N 51 04.903 E 09 02.385 |
| 08 | Reinhardshausen | D-34537 | N 51 05.325 E 09 03.838 |
| 09 | Bad Wildungen | D-34537 | N 51 07.012 E 09 07.451 |
| 10 | Kreuzung B253/B485 | - | N 51 06.310 E 09 07.695 |

| Nr. | Ort | PLZ | GPS-Koordinaten |
|---|---|---|---|
| 11 | Braunau | D-34537 | N 51 04.822 E 09 07.682 |
| 12 | Dodenhausen | D-35114 | N 51 00.712 E 09 02.846 |
| - | Herbelhausen | D-35285 | N 51 00.242 E 08 58.682 |
| 13 | Haina | D-35114 | N 51 01.708 E 08 58.350 |
| 14 | Löhlbach | D-35114 | N 51 03.930 E 08 58.868 |
| 15 | Kreuzung B252 | - | N 51 04.630 E 08 49.235 |
| 16 | Frankenberg | D-35066 | N 51 03.705 E 08 48.048 |
| (E) | Korbach | D-34497 | N 51 16.159 E 08 52.675 |

Die Tabelle enthält die wichtigsten Stationen der Route – ggf. wurden Orte weggelassen oder zur exakteren Navigation ergänzt; Referenzsystem der GPS-Koordinaten: WGS84

1

*11 km*

K25
B252

**Korbach-Zentrum Richtung Süden auf der Frankenberger Landstraße (K25) verlassen, nach 3 km rechts auf die B252 und 8 km bis Herzhausen.**

***Strecke:*** *Schöner Abschnitt der Deutschen Fachwerkstraße.*

**Info:** Die gut 2 000 km lange Deutsche Fachwerkstraße ist eine beliebte Ferienstraße, die, in mehrere regionale Etappen unterteilt, mehr als 100 idyllische deutsche Fachwerkstädte miteinander verbindet. Sie erstreckt sich von der Elbmündung im Norden bis zum Bodensee im Süden (www.deutsche-fachwerkstrasse.de).

Als ehemals fränkischer Reichshof zählt Korbach zu den schönsten Städtchen des Waldecker Landes. Stellvertretend für viele sehenswerte Fachwerkbauten seien die Stadtbücherei genannt, ein Patrizierhaus aus dem 17. Jahrhundert, oder das einzige noch erhaltene architektonisch bemerkenswerte Vierständerhaus (1732), in dem einst Mensch und Vieh unter einem Dach lebten. Wer mehr über die Region und ihre Geschichte erfahren will, sollte das Museum Korbach im Zentrum der pittoresken Korbacher Altstadt besuchen. Auch die Geschichte des Korbacher Goldbergbaus ist Thema des Museums.

Museum Korbach, Kirchplatz 2, 34497 Korbach, Tel. 056 31/532 89, www.museum-korbach.de, Di–So 11–16.30 Uhr.

Wunderschöne Fachwerkstadt Korbach.

2

*12 km*

L3084

## In Herzhausen links auf die L3084, dann 12 km über Vöhl bis Nieder-Werbe.

***Strecke:*** *Kurvenreiche Straße durch Wald und Felder oberhalb des Ederstausees mit steiler Abfahrt ins Tal des Flüsschens Werbe.*

TOP TIPP **Info:** Die Edertalsperre entstand in den Jahren 1908 bis 1914, um der Weserschifffahrt in den Sommermonaten Wasser zuzuführen. Durch die Flutung mussten 700 Menschen das Edertal verlassen und ihre Dörfer versanken im See. An eine touristische Nutzung dachte damals niemand, doch heute wird in dem 27 km langen See gebadet, getaucht und gesegelt. Boote mit Verbrennungsmotor jedoch dürfen die Ruhe nicht stören. Ein wahres Urlaubsparadies!

**Camping-Tipp:** Der Camping- und Ferienpark Teichmann in Vöhl-Herzhausen ist mit eigenem Badesee und Liegewiese ausgestattet. Er liegt direkt an der Eder, die hier noch als kleiner Fluss in Erscheinung tritt.
Camping- und Ferienpark Teichmann, Zum Träumen 1A, 34516 Vöhl-Herzhausen, Tel. 056 35/245, www.camping-teichmann.de €

**Event-Tipp:** Immer im Frühjahr kämpfen in Herzhausen über 40 Mannschaften bei der Drachenbootmeisterschaft um den Sieg auf dem Edersee. Prämiert wird auch das beste Outfit (www.dragonboat-cup.de).

Glücklich ist, wer am Edersee ein Boot besitzt.

Begegnung auf der Edersee-Uferstraße.

3
16 km
L3086

In Nieder-Werbe rechts auf die L3086 Richtung Wildungen abbiegen, dann 16 km über Waldeck bis nach Mehlen fahren.

**Strecke:** *Beliebte Motorradstrecke am Ufer des Ederstausees entlang. Gute Gelegenheit, die tolle Aussicht auf den See zu genießen.*

**Info:** Motorradfahrer treffen sich an der Edersee-Staumauer. Hier legen auch Personenschiffe zu einer Bootstour auf dem Edersee ab.
Personenschiffahrt Edersee, Ederseerandstraße 8b, 34513 Waldeck, Tel. 056 23/54 15, www.personenschiffahrt-edersee.de

**Restaurant- und Hotel-Tipps:** Für seine Waldecker Apfeltorte aus der eigenen Konditorei ist das Waldhotel Wiesemann in Waldeck bekannt. Mondän in noblem Gemäuer übernachten kann man im Hotel Schloss Waldeck – mit fantastischem Blick über den Edersee inklusive.
Waldhotel Wiesemann, Oberer Seeweg 1–2, 34513 Waldeck, Tel. 05623/5348, www.waldhotel-wiesemann.de €€
Hotel Schloss Waldeck, 34513 Waldeck, Tel. 056 23/58 90, www.schloss-waldeck.de €€€

**Event-Tipp:** Harley-Fahrer treffen sich im Juli beim Internationalen Edersee-Meeting in Hemfurth, direkt am Fuße der Staumauer. Livebands, Bull-Riding, Tabledance-Zelt und der unvermeidliche Wet-Shirt-Contest sorgen für Abwechslung (www.edersee-meeting.de).

Schloss Waldeck über dem Edersee.

Harley-Treffen an der Staumauer.

4
*2 km*
B485

In Mehlen geradeaus auf die B485 und auf der Bundesstraße 2 km bis nach Giflitz.

5
*8 km*
L3332

In Giflitz rechts auf die L3332 abbiegen, der Landstraße 8 km bis nach Gellershausen folgen.

**Strecke:** *Schöne Strecke entlang des Nationalparks Kellerwald.*

**Info:** Ein 43 km langes Gatter umschließt den Nationalpark Kellerwald-Edersee, ein Waldgebiet südlich des Edersees. Der Zaun wurde einst zum Erhalt des Wildbestands für die fürstliche Jagd errichtet. Heute schützt er Natur und den Buchenwald im jüngsten deutschen Nationalpark. Für Naturfreunde gibt es hier viel zu entdecken. Höhepunkte sind der Arensberg (451 m) mit seiner urwaldähnlichen Vegetation, das ungewöhnliche Quellbiotop des Rabenstein im Osten sowie der Quernst im Süden mit der Quernstkapelle und einem schönen Aussichtsturm (www.nationalpark-kellerwald-edersee.de).

6
*7 km*
–

In Gellershausen scharf links in die Lindenstraße einbiegen, 7 km über Hüddingen bis Hundsdorf.

**Strecke:** *Kurvenreiche Fahrt durch den verträumten Kellerwald.*

Grünes Paradies am Nationalpark Kellerwald.

**7**
*2 km*
B253

## In Hundsdorf links, dann 2 km der B253 bis zur Abzweigung nach Reinhardshausen folgen.

**8**
*8 km*
–

## Hier links und über Reinhardshausen 8 km bis nach Bad Wildungen fahren.

***Strecke:*** *Tolle Etappe auf wenig befahrenen Nebenstrecken rund um den Homberg (518 m). Viele Kurven und immer wieder schöne Ausblicke!*

**Info:** In der historischen Altstadt von Bad Wildungen stehen Fachwerkhäuser mit malerischen Erkern und steilen Giebeln dicht an dicht und gemütliche Straßencafés laden zum Verweilen ein. Ein frisches Hörnchen, ein Cappuccino – dann geht es auf zwei Rädern weiter.

**Hotel-Tipp:** In der Pension Mariann in Bad Wildungen finden Biker Garage, Werkzeug, Trockenraum und ein Plätzchen für die Nacht.

Hotel-Pension Mariann, Wilhelm-Ortloff-Weg 6, 34537 Bad Wildungen,
Tel. 056 21/41 00, www.hotel-pension-mariann.de €€

**9**
*2 km*
–

## In Bad Wildungen rechts in die Riesendammstraße, um den Ortskern herum, dann erneut rechts in die Odershäuser Straße und 2 km bis zur B253/B485.

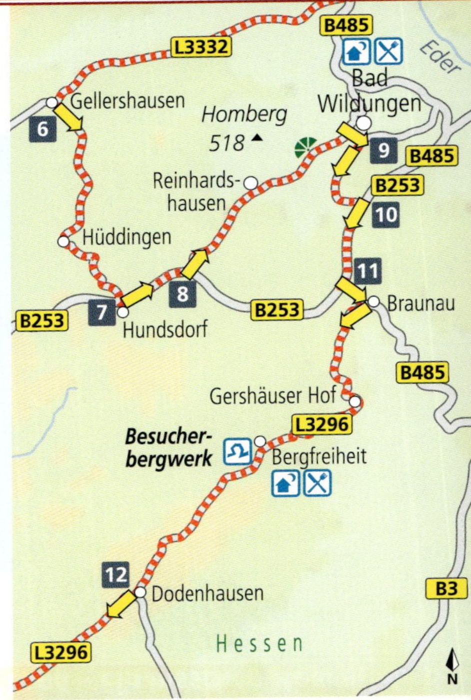

**10**
*3 km*
B253
B485

An der Einmündung in die B253/B485 rechts und der Bundesstraße 3 km Richtung Braunau folgen.

**11**
*13 km*
–
L3296

Bei Braunau links abfahren, dann gleich wieder rechts und in den Ort. Jetzt an der Gershäuser Straße rechts und 13 km – später auf der L3296 – über Bergfreiheit bis nach Dodenhausen.

***Strecke:*** *Wild geschwungene Straßen zwischen Wäldern und Wiesen.*

**Info:** Mit dem Beinamen »Schneewittchendorf im Kellerwald« lockt das ehemalige Bergwerksdorf Bergfreiheit Touristen in den Ort. Nach Recherchen eines Lokalhistorikers soll das Märchen der Brüder Grimm hier seine erzählerischen Wurzeln haben. Wen böse Königinnen, Giftmorde und Hexenkünste faszinieren, kann sich Schneewittchen alljährlich auf einer Freilichtbühne ansehen (www.bergfreiheit.de).

**Restaurant- und Hotel-Tipp:** Biker treffen sich gerne auf der Terrasse von Bockmeyers Landgasthaus zum Urftal in Bergfreiheit. Lecker ist die Käsesahnetorte, übernachten kann man in einfachen Zimmern.
Landgasthaus zum Urftal, Im Urftal 43, 34537 Bad Wildungen-Bergfreiheit, Tel. 056 26/327, www.brockmeyers.de €

Lässiges Touren nach Braunau.

## Tipp: Bergwerk Bergfreiheit

**Info:** Wo sich früher die Sieben Zwerge geplagt haben, werden noch heute Minerale geborgen und verarbeitet. Bei einem Gang durch die Stollen des Bergwerks Bergfreiheit kann man auch selbst nach dem rot-weiß gefleckten Kellerwaldachat Ausschau halten.
Besucherbergwerk Bertsch, Kellerwaldstraße, Bergfreiheit, Tel. 056 26/592, Mai–Nov. Di–So 14–16 Uhr, Febr.–Apr. Do–So 14–16 Uhr.

12
*10 km*
L3296
–

In Dodenhausen rechts und der L3296 weitere 5 km folgen. Jetzt geradeaus und auf kleiner Straße 5 km über Herbelhausen nach Haina fahren.

**Info:** In Haina werden Führungen durch das Zisterzienserkloster angeboten, das heute als Zentrum für soziale Psychiatrie genutzt wird. Interessant ist das angeschlossene Tischbeinmuseum. Der deutsche Maler Johann Heinrich Wilhelm Tischbein wurde 1751 hier im Kloster geboren. Weltbekannt ist sein Gemälde, das Johann Wolfgang von Goethe als Reisenden in der römischen Campagna zeigt.
Kloster Haina und Tischbeinmuseum, 35114 Haina, Tel. 064 56/256, Apr.–Okt. Di–So 11–17 Uhr.

13
*5 km*
L3077

In Haina rechts auf die L3077 abbiegen, bis Löhlbach sind es weitere 5 km.

***Strecke:*** *Schwungvoll durch den Naturpark Kellerwald.*

14
*13 km*
B253

In Löhlbach links auf die B253 abbiegen, dann 13 km bis zur Einmündung auf die B252.

***Strecke:*** *Schön zu fahrende, kurvenreiche Bundesstraße ins Edertal.*

Leider nicht im Kloster Haina zu sehen: »Goethe in der Campagna« des Malers Tischbein.

15
*2 km*
B252
B253

Hier links auf die B252/B253 Richtung Frankenberg abbiegen. Nach 1 km an der Ausfahrt Frankenberg abfahren und 1 km in die Stadt hinein.

**Info:** Ein echtes Fachwerkidyll ist das hessische Frankenberg. Ein Bummel durch die Straßen und schmalen Gassen der alten Handels- und Handwerkerstadt lohnt sich. Überall trifft man auf prächtige Bauten, die mit Erkern und Türmchen verziert und reichlich Schiefer verkleidet sind, welche manchmal windschief in den Himmel ragen.

**Restaurant- und Hotel-Tipp:** Im Biergarten des Goldenen Engels in Frankenberg schmeckt das Essen besonders gut. In den beiden historisch eingerichteten Fremdenzimmern kann man stilvoll übernachten.
Gaststätte Goldener Engel, Obermarkt 6, 35066 Frankenberg, Tel. 064 51/224 77, www.goldener-engel.com €

16
*30 km*
–
L3076

In Frankenberg rechts in die Wilhelmstraße abbiegen, nach der Flussbrücke erneut rechts und auf der L3076 über Scheufra, Sachsenberg und Lichtenfels 30 km zurück nach Korbach fahren.

***Strecke:*** *Kurvige Nebenstrecke durch die Breite Struth, ein großes Waldgebiet östlich von Frankenberg, und durch das Waldecker Land.*

E

## A Wilder Zimmermann

**Restaurant- und Hotel-Tipp:** Das schöne, im Fachwerkstil erbaute Landgasthaus Zum wilden Zimmermann liegt zwar schon im sauerländischen Hallenberg, der 17-km-Abstecher von Frankenberg lohnt sich jedoch für alle Biker, die gerne unter Gleichgesinnten weilen, allemal. Zwei schöne Kurvenstrecken durch das Waldgebiet der Breiten Struth versüßen immerhin die Anfahrt. Da der Chef des Hauses selbst mit Begeisterung Motorrad fährt, ist das Hotel ganz auf die besonderen Ansprüche von Bikern eingestellt. Neben speziellen Weekend-Angeboten gibt es auch geführte Touren und einen praktischen Rückholservice.
Landgasthaus Zum wilden Zimmermann, Nuhnestraße 25, 59969 Hallenberg, Tel. 029 84/82 21, www.zwz.de €

# NÜTZLICHE ADRESSEN

## Route 1 (→ *siehe Seite 8*)

**Touristik Naturpark Münden e. V.**
Lotzestraße 1
D-34346 Hann. Münden
Tel. 055 41/753 13
tourist-info@hann.muenden.de
www.hann.muenden.de

**Zweckverband Naturpark Solling-Vogler**
Lindenstraße 6
D-37603 Holzminden/Neuhaus
Tel. 055 36/13 13
info@naturpark-solling-vogler.de
www.naturpark-solling-vogler.de

**Tourist-Info Höxter**
Weserstraße 11
D-37671 Höxter
Tel. 052 71/194 33
info@hoexter.de
www.hoexter.de

## Route 2 (→ *siehe Seite 24*)

**LAG Region Leinebergland**
Marktstraße 1
D-31061 Alfeld
Tel. 051 81/806 68 09
leader@leinebergland-region.de
www.leinebergland-region.de

**Touristinfo Lamspringe**
Kloster 3
D-31195 Lamspringe
Tel. 051 83/500 17
www.lamspringe.de

**Tourist-Information Einbeck**
Marktstraße 13
D-37574 Einbeck
Tel. 055 61/313 19 10
touristinfo@einbeck.de
www.einbeck-online.de

## Route 3 (→ *siehe Seite 36*)

**Touristinfo Osterode am Harz**
Dörgestraße 40
D-37520 Osterode am Harz
Tel. 055 22/68 55
touristinfo@osterode.de
www.osterode.de

**Tourist-Information Werratal**
Hospitalplatz 16
D-37269 Eschwege
Tel. 056 51/33 19 85
tourist-info@werratal-tourismus.de
www.werratal-tourismus.de

**Tourist-Info Heiligenstadt**
Wilhelmstraße 50
D-37308 Heilbad Heiligenstadt
Tel. 036 06/67 71 41
touristinfo@heilbad-heiligenstadt.de
www.heilbad-heiligenstadt.de

## Route 4 (→ *siehe Seite 50*)

**Touristinformation Seesen**
Marktstraße 1
D-38723 Seesen
Tel. 053 81/752 43
schoenke@seesen.de
www.stadtverwaltung-seesen.de

**Tourist-Information Goslar**
Markt 7
D-38640 Goslar
Tel. 053 21/780 60
marketing@goslar.de
www.goslar.de

**Nationalparkhaus Altenau-Torfhaus**
Torfhaus 38 B
D-38667 Torfhaus
Tel. 053 20/33 17 90
post@torfhaus.info
www.torfhaus.luchs-harz.de

## Route 5 (→ *siehe Seite 64*)

**Tourismusgemeinschaft Unterharz**
Dornbergsweg 2
D-38855 Wernigerode
Tel. 039 43/93 58 18
kontakt@unterharz-info.de
www.unterharz.info.de

**Harzer Verkehrsverband e. V.**
Marktstraße 45
D-38640 Goslar
Tel. 053 21/340 40
info@harzinfo.de
www.harzinfo.de

## Route 6 (→ *siehe Seite 78*)

**Stadt Kelbra**
Lange Straße 8
D-06537 Kelbra
Tel. 03 46 51/38 30
www.kelbra.de

**Tourist-Info Bad Frankenhausen**
Anger 10
D-06567 Bad Frankenhausen
Tel. 03 46 71/717 17
info@kyffhaeuser-tourismus.de
www.bad-frankenhausen.de

## Route 7 (→ *siehe Seite 86*)

**Touristinformation Bad Langensalza**
Bei der Marktkirche 11
D-99947 Bad Langensalza
Tel. 036 03/82 58 45
touristinfo@bad-langensalza.de
www.badlangensalza.de

**Saale-Unstrut Tourismus e. V.**
Lindenring 34
D-06618 Naumburg
Tel. 034 45/23 37 90
fremdenverkehr.saale-unstrut@t-online.de
www.saale-unstrut-tourismus.de

# NÜTZLICHE ADRESSEN

## Route 8 (→ *siehe Seite 98*)

**Tourist-Information Werratal**
Hospitalplatz 16
D-37269 Eschwege
Tel. 056 51/33 19 85
tourist-info@werratal-tourismus.de
www.werratal-tourismus.de

**Fremdenverkehrsbüro Creuzburg**
Burg Creuzburg
D-99831 Creuzburg
Tel. 03 69 26/980 47
info@creuzburg-online.de
www.creuzburg-online.de

## Route 9 (→ *siehe Seite 108*)

**Eisenach-Wartburgregion Touristik GmbH**
Markt 2
D-99817 Eisenach
Tel. 036 91/792 30
info@eisenach.info
www.eisenach.info

**Touristinformation Weimar**
Markt 10
D-99423 Weimar
Tel. 036 43/74 50
www.weimar.de

**Stadtmarketing Arnstadt GmbH**
Markt 1
D-99310 Arnstadt
Tel. 036 28/60 20 49
information@arnstadt.de
www.arnstadt.de

## Route 10 (→ *siehe Seite 122*)

**Regionalverbund Thüringer Wald e. V.**
Krankenhausstraße 12
D-98693 Ilmenau
Tel. 036 77/689 96 20
info@thueringer-wald.com
www.thueringer-wald.com

**Fremdenverkehrsamt Ilmenau**
Am Markt 1
D-98693 Ilmenau
Tel. 036 77/60 03 00
stadtinfo@ilmenau.de
www.ilmenau.de

## Route 11 (→ *siehe Seite 134*)

**Touristinformation Rudolstadt**
Marktstraße 57
D-07407 Rudolstadt
Tel. 036 72/41 47 43
info@rudolstadt.de, www.rudolstadt.de

**Touristservice Naumburg**
Markt 12
D-06618 Naumburg
Tel. 034 45/27 31 25
info@naumburg-tourismus.de
www.naumburg-tourismus.de

**Fremdenverkehrsamt Ziegenrück**
Platz der Jugend 2
D-07924 Ziegenrück
Tel. 03 64 83/226 49
info@stausee-hohenwarte.com
www.am-thueringer-meer.de

## Route 12 (→ *siehe Seite 148*)

**AMC Schleizer Dreieck e. V. im ADAC**
Am Stadtweg 17
D-07907 Schleiz
Tel. 036 63/40 20 48
www.schleizer-dreieck.de

**Gera Tourismus e. V.**
Heinrichstraße 35
D-07545 Gera
Tel. 03 65/830 44 80
info@gera-tourismus.de
www.gera.de

## Route 13 (→ *siehe Seite 160*)

**Fremdenverkehrsverein Hammelburg e. V.**
Kirchgasse 4
D-97762 Hammelburg
Tel. 097 32/90 24 30
www.fvv-hammelburg.de

**Tourist-Information Ostheim v. d. Rhön**
Im Schlösschen 5
D-97645 Ostheim v. d. Rhön
Tel. 097 77/18 50
tourismus@ostheim.de
www.ostheim.rhoen-saale.net

## Route 14 (→ *siehe Seite 174*)

**Waldeck-Ederbergland GmbH**
Südring 2
D-34497 Korbach
Tel. 056 31/95 43 59
info@waldecker-land.de
www.waldecker-land.de

**Tourist-Info Bad Wildungen**
Brunnenallee 1
D-34537 Bad Wildungen
Tel. 056 21/695 67 41
www.bad-wildungen.de

**ADAC Pannenhilfe aus dem Festnetz: 018 02/22 22 22** *(bundesweit 6 Cent/Anruf)*
**ADAC Pannenhilfe aus dem Mobilfunknetz: 22 22 22** *(aus allen Netzen, Tarif abhängig vom Mobilfunkanbieter)*
**Informationen ADAC Fahrsicherheitstraining: 018 05/12 10 12** *(14 Cent/Min.)*

**www.adac.de/motorrad**
**www.adac.de/motorradtouren**

# REGISTER

# REGISTER

# IMPRESSUM

## Autoren

Frank Klose, Stefan Feldhoff: (Touren 1–5)
Anne Christine Martin, Stefan Feldhoff: (Touren 6–12)
Matthias Hepper, Stefan Feldhoff: (Tour 13)
Hans Michael Engelke, Stefan Feldhoff: (Tour 14)

## Impressum

Ein ADAC Motorradführer in Zusammenarbeit mit dem Bruckmann Verlag

Projektleitung: Dr. Hans-Joachim Völse
Produktmanagement: Jens van Rooij, Claudia Hohdorf
Lektorat: Stefan Feldhoff, Feldhoff & Martin, Merxleben
Redaktionelle Mitarbeit: Susanne Dorsch
Covergestaltung: Parzhuber und Partner, München
Layout/Satz: Eva Klaffenböck, grafikatelier luk, München
Kartografie: Anneli Nau, nau-kartoGraphik, München
Repro: Cromika s.a.s., Verona; Herstellung: Thomas Fischer
Printed in Italy by Printer Trento S.r.l.
ISBN: 978-3-89905-827-7

## Bildnachweis

Coverbild: Feldhoff & Martin
Fotos im Innenteil: Sabine Steinert, Frank Klose: 4 (l+M), 5 (M), 8–74 (außer siehe weitere Bilder); Feldhoff & Martin: 4(r), 5 (l+r), 6, 78–159 (außer siehe weitere Bilder); Matthias Hepper: 7, 160–173 (außer siehe weitere Bilder); Hans Michael Engelke: 174–185 (außer siehe weitere Bilder).
Weitere Bilder im Innenteil: 12(u), 28: PIXELIO/Dirk Schmidt; 16: Hameln Marketing und Tourismus GmbH; 21(o): PIXELIO/Thomas Max Müller; 9, 23(u), 37, 44: PIXELIO/Achim Lueckemeyer; 33: Einbecker Brauhaus AG; 41: Burghotel Hardenberg; 69, 161, 169, 170: Feldhoff & Martin; 65, 70: Nicolette Wollentin/Fotolia.com; 74: Pfarrer Andreas Müller; 93: Dirk Wächter, 105: MF Niederdorla; 109, 119: weimar GmbH/Maik Schuck; 138: Katrin Lyda; 141: PIXELIO/Marco Barnebeck; 154: PIXELIO/Amadeus Schubert; 180(u): Harley-Davidson Presse-Service; 184: Public Domain.

## Zuschriften an

ADAC Verlag GmbH, 81365 München
tourbooks-motorrad@adac.de



Alle Fakten wurden nach bestem Wissen und Gewissen mit der größten möglichen Sorgfalt recherchiert. Redaktion und Verlag können jedoch nicht für absolute Richtigkeit und Vollständigkeit der Angaben Gewähr leisten. Der Verlag ist für alle Hinweise und Verbesserungsvorschläge jederzeit dankbar.